Klaus Weyh

Dienstleistung zum Anfassen

Dienstleistung systematisch
konstruieren und formen

Klaus Weyh

Dienstleistung zum Anfassen

Dienstleistung systematisch
konstruieren und formen

☺ 2002 Alle Rechte vorbehalten
2. Auflage

RKW - Verlag

Düsseldorfer Straße 40
65760 Eschborn

RKW-Nr. 1365
ISBN 3-89644-112-4

Layout und Druck: RKW-Eschborn

Inhaltsverzeichnis

		Seite
Vorwort		9
1	**Dienstleistung verstehen**	**11**
1.1	Vom Dienen und bedient werden	11
1.2	Von der Alltäglichkeit des Dienens	14
2	**Sachleistung, Dienstleistung und Leistungsbündel**	**22**
2.1	Leistungsbündel mit hohem Sachleistungsanteil	23
2.2	Leistungsbündel mit ausgewogenem Sachleistungsanteil und Dienstleistungsanteil	27
2.3	Vom Produzent zum Dienstleister	29
3	**Broadway-Management**	**32**
3.1	Erstes Beispiel: Dienstleistungs-Aufführung im Lebensmittel-Einzelhandel	32
3.2	Zweites Beispiel: Dienstleistungs-Aufführung im Fachhandel	35
4	**Vorgehensmodell für das Broadway-Management**	**37**
4.1	Von der Idee zur Erbringung	37
4.2	Vorteile des Broadway-Managements	37
4.3	Acht Schritte zum Erfolg	38
5	**Elemente des Broadway-Managements**	**40**
5.1	Service-Design, dem Dienen Form geben	40
5.1.1	Werkstattnotiz zum Service-Design	43
5.2	Service-Design, eine kleine Anleihe beim Theater	45
5.2.1	Die Theateraufführung	46
5.2.2	Die Dienstleistungsaufführung	47
5.2.3	Die Fassade - oder den Nutzen darstellen	49
5.2.4	Die Bühnen	50
5.2.5	Die Bühne als Arbeitsraum oder Erlebnisraum	52
5.2.6	Dekoration und Requisiten	53

5.2.7	Rollen und Kostüm in der Dienstleistungsaufführung	54
5.2.8	Beispiele für Rollenpiktogramme in Dienstleistungsaufführungen	56
5.2.9	Die Macht der Phantasie	58
5.2.10	Produktinszenierung	61
5.2.10.1	Beispiele für Dienstleistungsaufführungen - Fastfood-Restaurant	61
5.2.10.2	Beispiele für Dienstleistungsaufführungen - Feinschmecker-Restaurant	63
5.3	Service-Engineering, das Dienen konstruieren	65
5.3.1	Position des Unternehmens in der Wertschöpfungskette	68
5.3.2	Analyse des Dienstleistungs-Know-how / Dienstleistungs-Potentials	69
5.3.3	Kundenbedarf	71
5.3.3.1	Suchfelder für branchentypische Dienstleistungspotentiale	71
5.3.3.2	Ermittlung des Kundenbedarfs durch Analyse der A-Kunden	73
5.3.3.3	Ermittlung von Bedürfnissen und Erwartungen der Kunden	74
5.3.4	Bewertung von Sach- und Dienstleistungsanteilen	75
5.3.5	Vorgehensweise zur Entwicklung des Produktmodells	76
5.3.6	Darstellung des Dienstleistungs-Prozeßes mit Hilfe des Blue-Printing	79
5.3.7	Service-Standards in Prozeßketten	80
6	**Beispiel Einführung einer neuen Dienstleistung**	**81**
6.1	Produkt Heizungswasserreinigung	84
6.2	Produkt Franchise-Partnerbetreuung	84
6.3	*Zuordnung des Leistungsbündels*	85
6.4	*Befragung von Kunden und Mitarbeitern*	86
6.5	Bewertung der Sach- und Dienstleistungsanteile	89
6.6	*Produktmodell aus Sach- und Dienstleistungsanteilen*	92
6.7	*Erstellen des Prozeßmodells mit Hilfe des Blueprinting*	94
6.8	*Gestaltung der Mitarbeiter-Kundenkommunikation in den Prozeßschritten*	95
6.9	*Produktinszenierung* des Leistungsbündels	98
6.10	Prototyping des Leistungsbündels Heizungswasserreinigung	99

7	**Beispiel: Entwicklung von Dienstleistungen in mittelständischen Unternehmen der Entsorgungsbranche**	**100**
7.1	Gestaltung von Entsorgungsprodukten als Leistungsbündel	101
7.2	Entwicklung eines neuen Leistungsbündels für ein Entsorgungsunternehmen	102
7.3	Leistungsbündel Rückbau- und Abbruchplanung mit detailliertem Entsorgungsmanagement	102
7.3.1	Rechtlicher Rahmen	102
7.3.2	Kontrollierter Rückbau von Industrieanlagen	102
7.3.3	Wirtschaftlichkeitsbetrachtung bei der Rückbau- und Abbruchplanung	105
7.4	Zielgruppe	107
7.5	Ressourcen Portfolio	108
7.6	Bewertung der Fremdleistungen	109
7.7	Befragung der Prozeßbeteiligten	110
7.8	Produktmodell	111
7.8.1	Beschreibung der Methode	111
7.9	Bewertung der Sach- und Dienstleistungsanteile	112
8	**Konzept für eine Dienstleistungsoffensive in einem Entsorgungs- und Recyclingunternehmen**	**114**
8.1	Aktuelle Situation im Vertrieb des Entsorgungsunternehmens	115
9	**Strategisches Konzept zur Kundengewinnung und Kundenbindung**	**116**
9.1	Aktuelle Bedeutung der Dienstleistungen für den Außendienst	116
9.2	Dienstleistungen zur Kundenbindung und Preisargumentation für die DM/kg Produkte	118
	Literaturverzeichnis	125

Vorwort

Dienstleistung und Kundenorientierung sind traditionelle Mittelstandsthemen. Das vom RKW-Verlag mit dem Verfasser gestaltete Buch zeigt an Praxisbeispielen den Nutzen der systematischen Dienstleistungsentwicklung im unternehmerischen Alltag von Klein- und Mittelbetrieben.

Der Verfasser und ich hatten zum erstenmal 1997 in dem von mir initiierten Beraterkreis des RKW-Kassel die Vorgehensmodelle und Methoden der systematischen Entwicklung von Dienstleistungen thematisiert.

In die vom Fraunhofer-Institut für Arbeitswirtschaft und Organisation in Stuttgart begonnene methodische Entwicklung des Dienstleistungs-Engineerings war der Verfasser eingebunden. Schwerpunkt seiner Arbeit war die Umsetzung des Dienstleistungs-Engineerings in Klein- und Mittelbetrieben.
Die Evaluierung dieser Methoden in kleinen- und mittleren Unternehmen wurde damals von mir durch Beauftragung des Verfassers mit RKW-Pilotprojekten begleitet. Gleichzeitig wurde im Rahmen der Beratertreffen des RKW-Kassel die Umsetzung dieser Methoden diskutiert und ergänzt.

Die Hessische Technologiestiftung GmbH veranstaltete dann 1998 in Gießen mit dem Fraunhofer IAO und dem Verfasser eine Informationstagung, in der die Ergebnisse der systematischen Dienstleistungsentwicklung und ihre Umsetzung in den RKW-Pilotprojekten vorgestellt wurde.
Ich freue mich, daß aus diesen Anfängen, die ich fördern und begleiten konnte, in der Zwischenzeit eine praxiserprobte Methode entstanden ist.

Der überwiegende Teil der Neugründungen in den letzten Jahren sind Unternehmen im Dienstleistungsbereich, und das Wachstumspotential ist noch nicht ausgeschöpft. Auf der anderen Seite gilt für bestehende Unternehmen die Aussage, daß nichts beständiger ist als der Wandel, gerade im Dienstleistungsbereich. Wachstum durch Dienstleistungen wird für innovative, leistungsfähige Mittelständler das Zukunftsthema, denn das Wachstumspotential für Produkte ist rückläufig.

Thomas Köbberling

Geschäftsführer Hessische Technologiestiftung GmbH

1 Dienstleistung verstehen

1.1 Vom Dienen und bedient werden

Ein Diplom-Ingenieur mittleren Alters, nennen wir ihn der Vertrautheit halber Paul, beschließt gerade als Vertreter der Konstruktionsabteilung eine hausinterne Besprechung mit dem Marketing-Team des Unternehmens, das als Zulieferer für einen Automobil-Hersteller arbeitet. Seine Unterlagen zusammenräumend, wandern seine Gedanken zu dem bevorstehenden Abend, und er kann seine Freude kaum verbergen. Am Vormittag hat er, während er einem Geschäftspartner in Toronto die aktuellen Produktionsdaten per Mail mitgeteilt hat, im Internet zwei begehrte Restkarten für die an diesem Abend bevorstehende Premiere einer Faust-Inszenierung im heimatlichen Stadttheater ergattert. Seine Frau „Pauline" war angesichts der Aussicht auf einen anregenden Abend außerhalb des zahnarztpraktischen Alltags sofort zum Telefon geeilt, um bei ihrem Stammfriseur einen kurzfristigen Nachmittagstermin zu erhalten.

Während sich Paul gemütlich auf den Weg Richtung Bahnhof begibt, fällt sein Blick, wie fast jeden Tag, auf die auf der anderen Straßenseite gelegene Erlebnisbuchhandlung. Dem Gedanken an einen kräftigen Espresso und einer belebenden Lektüre kann er heute nicht widerstehen und betritt, trotz Zeitnot, den Buchladen. Währenddessen bespricht Pauline, Verzeihung Frau Dr. Pauline, mit ihrer Sprechstundenhilfe die für das zahntechnische Labor zu verschickenden Abdrücke. Sie ist schon ein wenig ungeduldig, hat sie doch eine kleine Reise durch das Call-Center eines großen PC-Vertriebs-Unternehmens hinter sich, das sie aufgrund eines Praxis-Computer-Problems angerufen hat. Nachdem sie nach dem siebten *„Wenn Sie den Kundenservice sprechen möchten, drücken Sie bitte die 5;* folgerichtig die „5" drückend, nun endlich weitergeleitet und mit einem endlosen: *„Einenwunderschönengutentagundherzlichwillkommenbeipcsoforthilfemeinnameistannamariaengelmannwaskannichfürsietun?"* auf eine Terminabsprache in den nächsten Tagen vertröstet, hat sich Ihre Laune sichtlich verschlechtert.

Aber unsere Zahnärztin läßt ihren Blick auf die Wartezimmereinrichtung „Villa Kunterbunt" schweifen . . .die Idee, eine kinderfreundliche Zahnarztpraxis einzurichten, war wirklich großartig und wurde von den Kunden begeistert angenommen. Und als sie dann noch in das strahlende

Gesicht eines kleinen Patienten schaut, der sie vom eigens für Kinder gebauten und Überblick schaffenden Podest vor der Rezeption hinweg fröhlich anlacht, ist sie schnell wieder auf andere Gedanken gebracht und erledigt noch ein paar letzte Handgriffe. Nun verläßt sie ihre häusliche Praxis in Richtung Wohnung. Zurück in der Wohnung, läutet es an der Tür. Dort steht bereits pünktlich ein ansprechend gekleideter und sympathisch lächelnder Handwerker, der im Auftrag unseres Ehepaares mit einer neuartigen Wartung die Effizienz und die Lebensdauer der zentralen Ölheizungsanlage deutlich erhöhen möchte. Erfreut über die unkomplizierte und schnelle Terminabsprache, läßt sich Pauline noch schnell ein paar Arbeitsschritte erläutern - das ausführliche Beratungsgespräch hat ja bereits stattgefunden - und verläßt eilend den Handwerker, um telefonisch noch einen Friseurtermin festzulegen.

Paul - wir erinnern uns, er hat sich eine kleine Auszeit mit Lektüre und italienischem Kaffee gegönnt - eilt unterdessen zum großstädtischen Bahnhof. Da ihm noch ein paar Minuten zur Verfügung stehen, und der laufende Monat sich dem Ende neigt, bahnt er sich einen Weg zum Fahrkartenautomat, um eine neue Monatskarte zu erwerben, die es ihm ermöglicht, in überfüllten Zügen - stehend und eingepfercht - zu spät an die Arbeit und wieder nach Hause zu kommen.

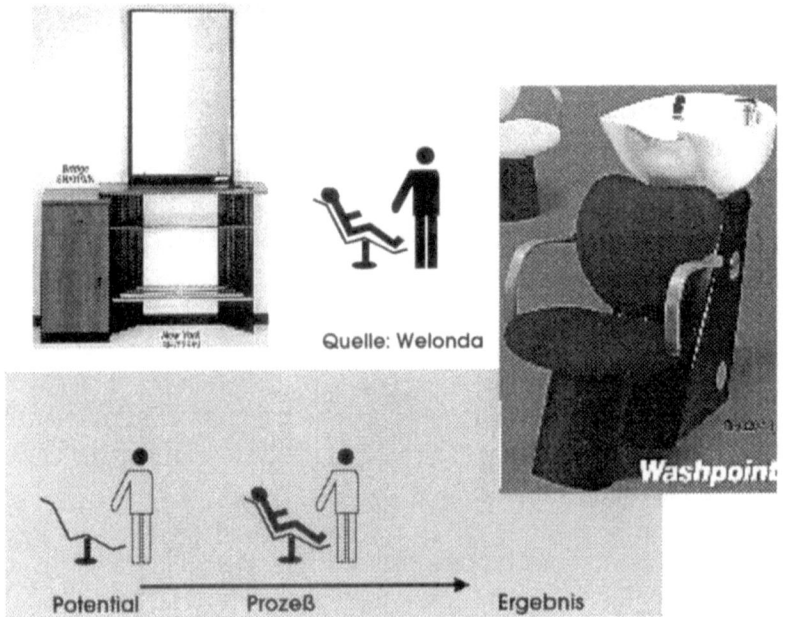

Unterdessen hat sich Pauline entspannt im Friseurstuhl zurückgelehnt, wohlig angetan von der kopfhautmassierenden Geschäftigkeit ihrer Lieblingsfriseurin.

Ihre Gedanken wandern zurück zu ihrem Telefonat mit der Mitarbeiterin eines Anbieters haushaltsnaher Dienstleistungen, mit der sie den Aufgabenplan für die kommenden Tage besprochen hat.

So vieles, was noch getan werden muß – der Rasen durstet und wächst gen Himmel und die Fenster werden langsam undurchschaubar. Pauline lächelt bei dem Gedanken, welche Entlastung ihr die Entscheidung gebracht hat, diese alltäglichen und recht zeitintensiven Arbeitsgänge einer professionellen Hand zu überlassen. Mit letztem Blick in den hingehaltenen Spiegel, einem erfreuten „wunderbar, wie immer" erhebt sie sich, läßt sich in ihre Jacke helfen, bezahlt und geht, nicht ohne das wohlverdiente Trinkgeld in die bereitstehenden Sparschweine zu werfen.

Sie besteigt ihr bereitstehendes Auto, als zeitgleich Paul den verspätet am Heimatbahnhof angekommenen Zug verläßt. Er begibt sich direkt zum Taxistand, schreitet gemächlichen Schrittes die endlos wirkende Aneinanderreihung beige-weißer Karosserien entlang und setzt sich in ein wartendes Taxi.

Nachdem er das Ziel der Fahrt mitgeteilt hat, lehnt er sich entspannt zurück, läßt die vorbeiziehenden Häuser, Menschen und Verkehrsschilder auf sich wirken, und ist schneller am Ziel als er dachte. Vergnügt bezahlt er die Fahrtgebühr, steigt aus und sieht soeben seine freudestrahlend und frisch frisiert lächelnde Frau in die Hauseinfahrt einbiegen.

Nach einer liebevollen Begrüßung und einem gegenseitig versicherten „Ich freu mich" lenken unsere beiden ihre Schritte ins Haus, nicht ohne die üppig wachsenden Wildrosen zu bewundern. Nach einer erfrischenden Dusche, einem kleinen Stehimbiß und einem kurzen Anruf bei Freunden, begeben sie sich zum gemeinsamen Auto, um die Fahrt zu einem wunderbaren Theaterabend anzutreten.

Angekommen (die 10minütige Parkplatzsuche wollen wir dem interessierten Leser natürlich aus spannungstechnischen Gründen verschweigen) begeben sich unsere beiden Erfreuten in die endlose Schlange der abendlichen Kartenabholer (was wir dem Leser ebenfalls in Einzelheiten ersparen wollen).

Endlich im Zuschauersaal, lehnen sich die beiden in wohliger Erwartung in ihren Sesseln zurück und lauschen dem ungeduldigen Scharren wartender Füße und dem leisen Flüstern der unruhigen Umsitzenden. Und endlich beginnt das Schauspiel . . . der Vorhang öffnet sich und läßt den Blick frei werden auf ein rußgeschwärztes gothisches Studierzimmer. Und wie von Geisterhand belebt, ertönt eine eindringliche Stimme durch den Saal: „Ihr naht Euch wieder, schwankende Gestalten, die früh sich einst dem trüben Blick gezeigt. Versuch ich wohl Euch diesmal festzuhalten? Fühl' ich mein Herz . . ." Gebannt lauschen unsere beiden den einfangenden Worten und genießen wohlverdient die entspannende Zeit der folgenden zweieinhalb Stunden.

1.2 Von der Alltäglichkeit des Dienens

Viele Dienstleistungen sind Teil unseres Alltags. Wir nehmen sie nur noch bewußt wahr, wenn sie nicht wunschgemäß verlaufen. Wenn sich zum Beispiel unser Zug verspätet oder ein Automat nicht funktioniert, kann unsere Reaktion darauf sehr heftig sein. Ein Restaurantbesuch, das Fitnesstraining in einem Sportstudio, ein Theater- oder Kinobesuch sind Dienstleistungen, mit denen wir unsere Freizeit gestalten, uns belohnen und auf die wir uns freuen.

In unserem Beruf dagegen wechseln wir häufig von der Kundenseite zur Anbieterseite, mal sind wir Bediente, mal Dienstleister.

Wenn wir uns in diesem Buch mit Überlegungen und Methoden beschäftigen wollen, die Dienstleistungen anfaßbar machen und damit systematische Dienstleistungen ermöglichen, ist es sicher von Interesse, die beschriebenen Alltagsszenen einmal durch die Brille des Service-Designers zu betrachten:

Paul ist Mitarbeiter der Konstruktion in einem Auto-Zulieferer-Unternehmen. Die Konstruktionsabteilung eines Unternehmens, das Sachgüter produziert, ist ein interner Dienstleister.

Innerhalb des Unternehmens nutzt diese Dienstleistung der erfolgreichen Durchführung eines bestimmten Projektes. Das kann eine Neukonstruktion eines Bauteiles in enger Zusammenarbeit mit einem Kunden sein, aber auch die kontinuierliche Verbesserung bestehender Bauteile oder interner Fertigungsprozesse.

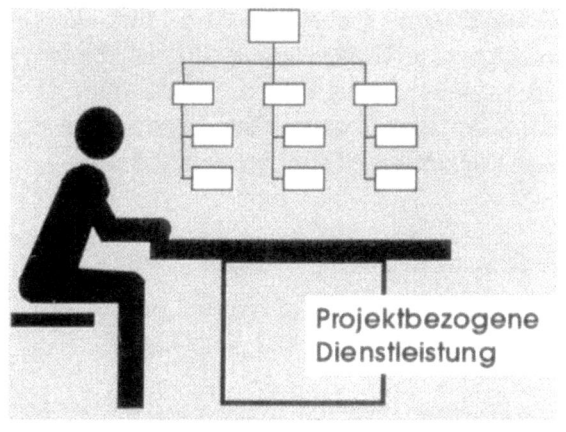

Projektbezogene Dienstleistung

Da in der Vergangenheit die Beschäftigungsstatistiken in Deutschland branchenorientiert waren, wurden alle Dienstleister innerhalb eines produzierenden Unternehmens der Produktion zugerechnet. Dagegen wird z. B. in den USA die Statistik beschäftigungsorientiert geführt. Wenn also sehr oft über statistische Aussagen ein Dienstleistungs-Defizit der Deutschen gegenüber anderen Ländern beklagt wird, so hat das natürlich auch etwas damit zu tun, daß in Deutschland sehr viele Dienstleistungen aufgrund ihrer Branchenzugehörigkeit in der Produktionsstatistik verschwinden.

Ein Unternehmen, das Zubehörteile für die Automobilindustrie produziert, wird heute mehr und mehr in die Dienstleistungs-Prozesse des Automobil-Herstellers eingebunden. Die Bedeutung von Dienstleistungen für die Sachgüter-Produktion werden wir anhand des Leistungsbündel-Begriffes darstellen.

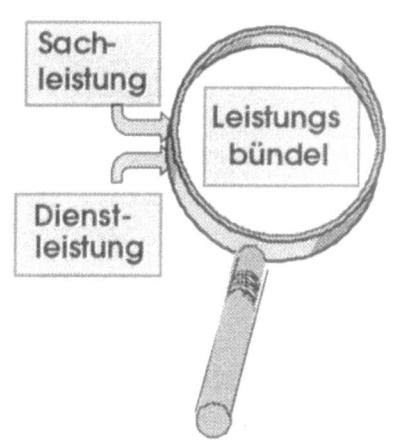

Wir gehen dabei davon aus, daß jedes Produkt Sachleistungs- und Dienstleistungsanteile enthält.

Wenn Paul nun im Internet zwei Theaterkarten bestellt, werden wir mit einem Medium konfrontiert, das im Dienstleistungs-Bereich sehr viele neue Chancen bietet. Wenn auch das Geschäft mit Privatkunden bereits sehr stark in der öffentlichen Diskussion ist, wird in den nächsten Jahren vor allen Dingen der Service zwischen Unternehmen, das sogenannte Business to Business, im Vordergrund stehen.

Doch zurück zu Paul. Er betritt das mit einem Trend-Namen als „Erlebnisbuchhandlung" bezeichnete Buch-Kaufhaus. Neben dem typischen Geruch frischer Druckfarbe setzt der Espressoduft aus dem integrierten Bistro eine neue „Duftmarke" für eine Buchhandlung.

Im Kapitel 3 „Das Broadway-Management" gehen wir davon aus, daß eine gute Dienstleistung eine erfolgreiche Theateraufführung ist. Eine Theateraufführung benötigt Schauspieler, Texte, Rollen, Bühne und Dekoration. Und wir werden das klassische Theaterstück „Beim Buchhändler" in einer neuen Inszenierung um die Szene „Im Buchhändler-Bistro" erweitern.

Pauline arbeitet freiberuflich in ihrer Zahnarztpraxis. Als Dienstleister erbringt sie eine personengebundene Dienstleistung. Formal gehört sie damit in die gleiche Dienstleister-Kategorie wie Friseur und Masseur.

In den Piktogrammen des Broadway-Managements wird eine personengebundene Dienstleistung mit direktem Bezug zum Kunden durch das entsprechende Symbol dargestellt.

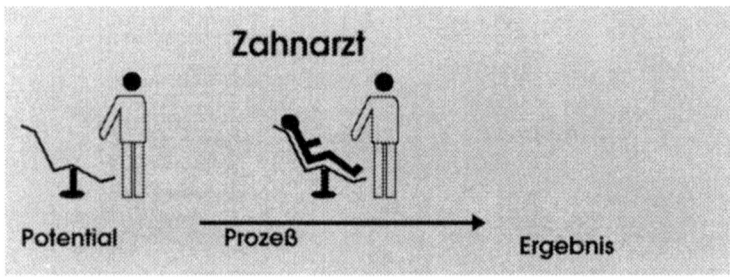

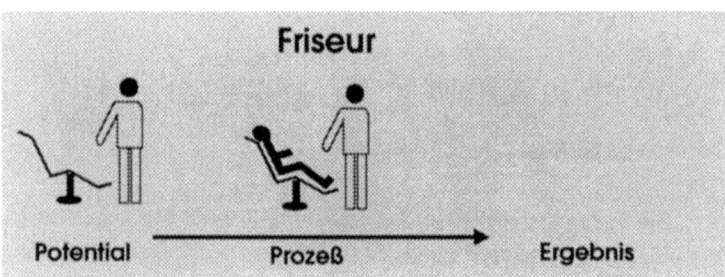

Das gesamte Dienstleistungs-Theater mit Bühne, Requisiten und den verschiedenen Szenen, wie das Informieren, Warten und Behandeltwerden, ergibt sich aus der Kombination von Raumsymbolen, die die verschiedenen Bühnen darstellen und der Kombination von Personen und Requisiten, die die Szenen des Theaterstückes „Beim Zahnarzt" repräsentieren.

Wir werden sehen, daß uns das Broadway-Management hilft, das Theaterstück „beim Zahnarzt" mit Requisiten, Bühnenbild und Aufführung zu analysieren und neu zu gestalten. Da der Gesundheitssektor einer der Zukunftsmärkte sein wird, ist es für die gesamte Branche sicherlich interessant, für den Kunden nutzenstiftende Verbesserungen gezielt zu planen. Nur am Rande sei erwähnt, daß man aus der Sicht des Service-Designs ein Wartezimmer niemals *Wartezimmer* nennen darf.

Der Handwerker, der die Heizung wartet und die Hauswirtschafterin, die Zimmer reinigt, führen eine sachgebundene Dienstleistung aus. Das entsprechende Piktogramm des Broadway-Managements symbolisiert diese Dienstleistungs-Dimension.

Neben diesen Dimensionen der Einteilung von Dienstleistungen macht es Sinn, Potentialorientierung, Prozeßorientierung oder Ergebnisorientierung einer Dienstleistung zu untersuchen. Bei der potentialorientierten Betrachtung interessieren uns die Voraussetzungen, die wir schaffen müssen, um eine Dienstleistung erbringen zu können. So sind das Studium der Zahnmedizin und die Einrichtung einer Zahnarztpraxis Voraussetzungen für die Dienstleistung „Zahnbehandlung".

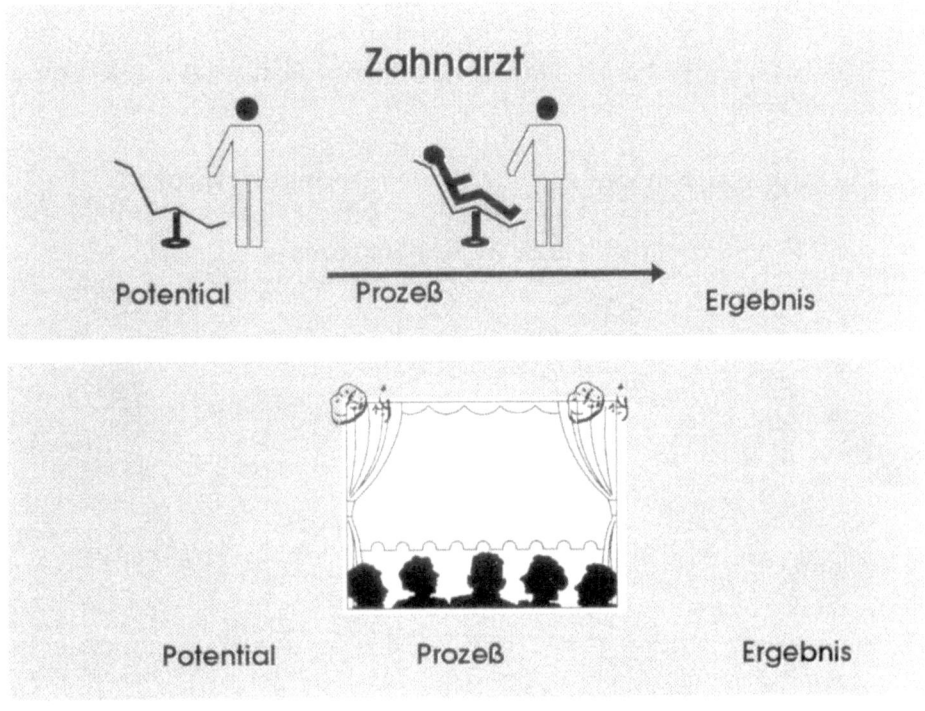

Der schmerzgeplagte Patient, der sich in eine Zahnbehandlung begibt, erlebt den in diesem Fall unangenehmen Prozeß der Dienstleistungserbringung. Das Ergebnis ist z.B. eine neue Plombe. Ganz sicher ist hier für den Bedienten das Ergebnis und nicht der Prozeß der Dienstleistungserbringung von Bedeutung.

Betrachten wir nun einmal mit den Kriterien „Potential", „Prozeß", „Ergebnis" einen Theaterbesuch.

- Das **Potential** der Dienstleistung ist das Theater, die Schauspieler, das Einstudieren oder die Finanzierung des gesamten Projektes.

- Der Kunde wird die zweistündige **Prozeß**dimension - sprich die Aufführung - genießen.

- Wenn der Prozeß seine Erwartungen erfüllt hat, wird er in der Ergebnisdimension der Dienstleistung das **Ergebnis** in einem kurzen Resümee als einen wirklich schönen Abend registrieren.

Für diese Dienstleistung ist der Prozeß, das Erleben der Aufführung, die entscheidende Dimension. Der Kunde zahlt für den Prozeß.

Erinnern wir uns, Paul fährt mit dem Taxi vom Bahnhof nach Hause.

- Das Taxi und der Fahrer sind das notwendige **Potential** für die Erbringung der Dienstleistung.

- Die Fahrt vom Bahnhof zum Ziel ist der **Erbringungsprozeß**.

- Am Ziel angekommen haben wir das **Ergebnis**.

Für diese Dienstleistung ist das Ergebnis, am Ziel anzukommen, die entscheidende Dimension. Der Kunde zahlt für das Ergebnis.

Wenn wir Dienstleistungen verbessern wollen oder neue Dienstleistungen „konstruieren", ist die Bewertung und Gestaltung dieser drei Dimensionen ein Ansatz zur systematischen Entwicklung von Dienstleistungen.

Ein handwerksnaher Dienstleister führt nun - wie in unserem Alltagsbeispiel dargestellt - eine sachbezogene Dienstleistung an der Heizungsanlage eines Privatkunden durch. Der technische Prozeß, den er dabei durchzuführen hat, ist detailliert festgelegt. Seinen Umgang mit dem Privatkunden, die Situation des Eindringens in den Privathaushalt, werden wir allerdings nicht automatisieren können - wohl aber ihm Kenntnisse vermitteln, die ihm eine situationsbezogene, optimale Reaktion erlauben.

Welche Möglichkeiten der systematischen Entwicklung von Dienstleistung und Dienstleistungs-Inszenierungen in Großunternehmen bestehen, zeigt die Deutsche Bahn bei der Gestaltung der Bahnhöfe als Dienstleistungszentren und im Bereich der Fernreisen. Daß diese guten Ansätze durch deutliche Mängel im Bereich des Dienstleistungs-Managements und der Unternehmensorganisation zur Zeit etwas in Frage gestellt sind, mindert nicht die Ergebnisse in Teilbereichen.

Gegen Pauls Pendler-Streß steht Paulines entspannter Aufenthalt im Friseur-Salon. An diesem Beispiel möchten wir noch einmal die Möglichkeiten des Broadway-Managements darstellen.

Eine gute Dienstleistung ist wie ein erfolgreiches Theaterstück. Die Bühne für das Theaterstück beim Friseur, ist der Friseursalon. In früheren Zeiten hatte der Friseur einen runden, silbern glänzenden Blechteller als Zeichen seines Berufes vor der Tür hängen. Dieser Blechteller war der sogenannte Schaumteller, eben jener Gegenstand, den der Friseur zum Anrühren des Rasierschaums nutzte und der während der Rasur als Auffangbehälter diente.

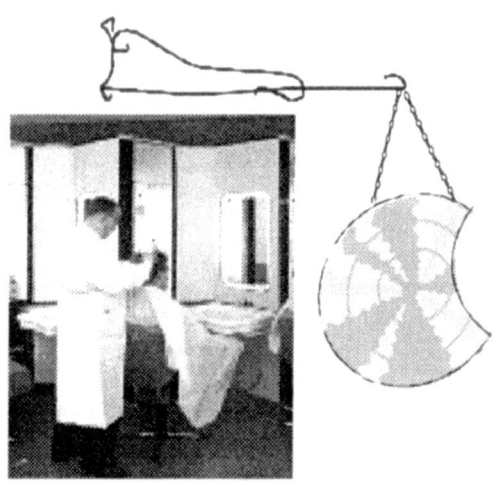

Mit diesem Zunftzeichen, das die Dienstleistung repräsentiert, war den Handwerkern etwas gelungen, das uns heute mehr und mehr als Dienstleistungs-Design-Aufgabe beschäftigt: sie haben die Dienstleistungen sichtbar gemacht. Und jeder wußte, der von weitem diesen Teller blinken sah, welche Dienstleistung ihn dort erwartet. Wir versuchen, diese Fragen mit dem Broadway-Management systematisch zu stellen und Antworten zu finden.

Wie oben erwähnt, ist für Pauline als Mitspielerin in dem Theaterstück „Beim Friseur" *die Gestaltung* der Bühne, die Beleuchtung und die Requisiten, die Kompetenz der Schauspieler und die fachliche Fähigkeit entscheidend für die Auswahl des Dienstleisters. Da für sie nicht nur das Ergebnis, sondern auch der Prozeß ebenso wichtig ist, wird sie die Bühne und die Requisiten an ihrem Erlebniswert messen. Für eine Stunde ist also der Friseursalon für Pauline ein Erlebnisraum - aber für den Friseur oder die Friseurin ist diese Bühne Arbeitsraum. Ein einfaches Beispiel für das Spannungsfeld Arbeitsraum/Erlebnisraum ist die Beleuchtung im Friseursalon: das optimale Arbeitslicht für den Friseur empfindet die Kundin als zu grell und damit als unangenehm. Wir werden also einen Weg finden müssen, die Bühne für eine erfolgreiche Dienstleistung als Arbeitsraum und Erlebnisraum gleichzeitig im Interesse des Kunden und des Dienstleisters zu gestalten.

Paulines entspannter Genuß wird sicherlich noch durch das Wissen verstärkt, daß der gemeinsame Haushalt professionell gemanagt wird. Die Entwicklung neuer haushaltsnaher Dienstleistungen quer durch alle Lebensphasen, in den Bereichen Haushaltsmanagement, Sicherheit, Gesundheitsfürsorge und Mobilität im Alter, zählt ebenfalls zu den Zukunftsmärkten.

Alles in allem sind Dienstleistungen ein Teil unseres Alltags. Und immer mehr Dienstleistungen werden uns angeboten. Wenn also im Broadway-Management festgestellt wird, „eine gute Dienstleistung ist ein erfolgreiches Theaterstück", so kann man nun behaupten, daß zur Zeit diese Theaterstücke ohne Texte, ohne Regiekonzept, ohne klare Rollen improvisierend, dem Zufall überlassen, entstehen und aufgeführt werden.

Sehr oft beschränkt sich die Planung auf die Gestaltung des Bühnenbildes (ohne dabei viel Rücksicht auf das Stück zu nehmen) oder die Requisiten stehen im Vordergrund. Wenn eine Aufführung mit dieser eingeschränkten Planung zum Erfolg wurde, ist es kaum möglich, diesen Erfolg zu duplizieren oder zu übertragen.

Wie wir an diesen Beispielen bereits erkennen können, sind Dienstleistungen immer etwas, das in der Zeit geschieht. Und in dieser Zeit geschieht in der Regel etwas zwischen Menschen.

Natürlich werden Dienstleistungen auch von Automaten erbracht, z.B. Fahrkartenautomaten oder Bankautomaten.

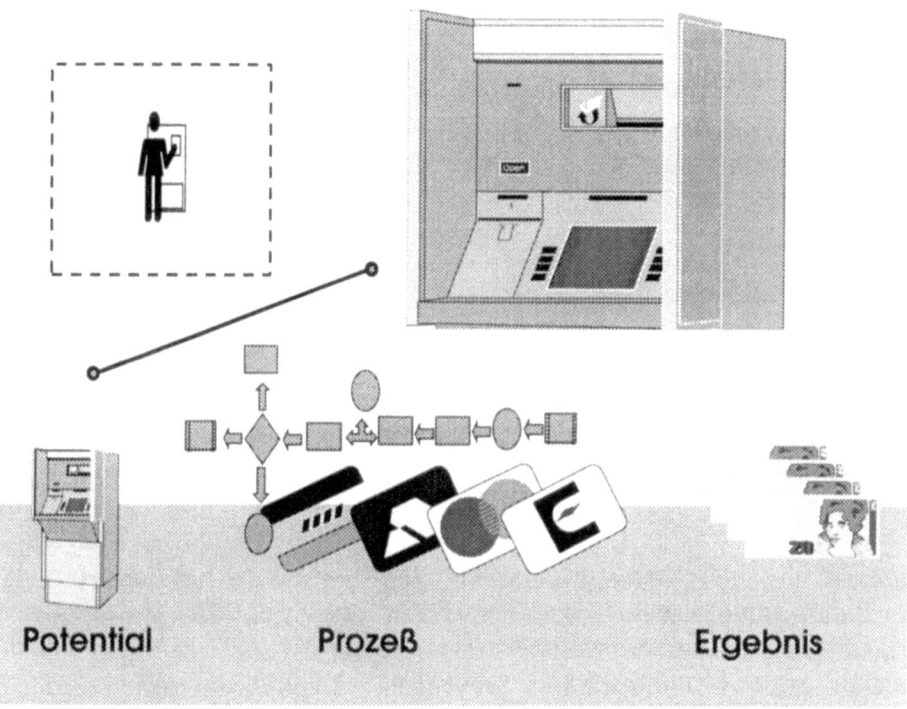

Potential **Prozeß** **Ergebnis**

Können Dienstleistungs-Prozesse bis ins Detail geplant werden, sind sie leicht zu automatisieren. Die Service-Gestaltung von großen Dienstleistungs-Unternehmen, z.B. Geldinstituten oder Unternehmen des Personentransportes, konzentriert sich deshalb auf Prozesse, die in großer Zahl stattfinden und standardisierbar sind.

Wir wollen in diesem Handbuch vor allem Dienstleistungen in klein- und mittelständischen Unternehmen beleuchten. Dabei stehen Dienstleistungen im Bereich des Handwerks, freier Berufe und des Einzelhandels und Vertriebsorganisationen Partner-Systeme oder Franchise-Systeme, die mit Handwerk, freien Berufen und Einzelhandel kooperieren, im Vordergrund.

2 Sachleistung, Dienstleistung und Leistungsbündel

Die Einführung eines Produktbegriffes, der Sachleistung und Dienstleistung als Elemente enthält, lenkt unser Augenmerk auf die gestaltbaren Anteile eines Produktes (Leistungsbündel).

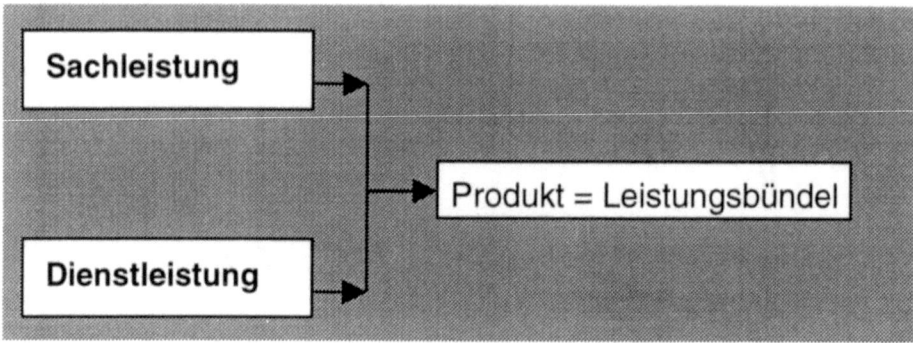

Damit stellt sich nicht mehr die Frage, bin ich Dienstleister oder Produzent, sondern welchen Anteil haben Sachleistung oder Dienstleistung in meinem Produkt?

Die willkürliche Einteilung in Produzent oder Dienstleister hat dazu geführt, daß man auf einem Auge immer blind war. Der Unternehmer, der sich nur als Dienstleister versteht, vernachlässigt die Sachleistungen. Versteht er sich als Produzent im Sinne der Herstellung von Sachgütern, stehen die Dienstleistungen im Hintergrund. Häufiges Argument der Produzenten: für die Dienstleistung zahlt mir keiner was.

Dieses Selbstverständnis ist die Quelle großer und kleiner Tragödien im unternehmerischen Alltag. Der „Nur-Produzent", der seine Dienstleistungen vernachlässigt, verliert Marktanteile und schmälert den Ertrag, denn oft bleibt nur der Preisnachlaß als Verkaufsargument - der Vertrieb verkauft Rabatte.

Der „Nur-Dienstleister", der seine Sachleistungen vernachlässigt, beraubt sich der Möglichkeit, über die Gestaltung der Sachleistung die Dienstleistung greifbar zu machen und durch geschickte Gestaltung der Requisiten und des Bühnenbildes seine Dienstleistungs-Aufführung erfolgreich zu gestalten.

Erkennt man an, daß es offensichtlich kein Merkmal (und auch keine Kombination aus mehreren Merkmalen) gibt, die Sach- und Dienstleistungen tatsächlich auf klare und nachvollziehbare Weise voneinander abgrenzbar macht, so stellt sich die Frage, wie sich die unendliche Vielfalt am Markt abgesetzter Leistungen auf andere Art und Weise strukturieren läßt. Aufgrund der unbestrittenen Vielfalt der Marktleistungen (Lebensmittel, Investitionsgüter, Beratung, Freizeitangebote) kann es nämlich nicht sinnvoll sein, alle diese Produkte gleich zu behandeln. Die Überlegung, daß Produkte Leistungsbündel aus Sachleistung und Dienstleistung sind, öffnet hier neue Wege.

Der prozentuale Anteil von Sachleistungen und Dienstleistungen kann sich natürlich auf einer Skala zwischen 0% und 100% bewegen.

Wir unterscheiden, je nach Verteilung der Sachleistungsanteile und Dienstleistungsanteile, drei Kategorien von Leistungsbündel.

2.1 Leistungsbündel mit hohem Sachleistungsanteil

Hier begegnet uns vorwiegend der „klassische Produzent": Das Unternehmen und die Unternehmensphilosophie ist ausgerichtet auf die Herstellung eines „Produktes", Sachleistung und Produkt werden gleichgesetzt. Der Dienstleistungsanteil ist vorhanden, wird aber selten als gestaltbarer Anteil in Marktuntersuchungen, Neuentwicklungen, Konstruktion und Fertigung beachtet.

Dienstleistungen werden als Zusatzleistungen zum Produkt verschenkt. Bezahlter Service ist hier nur im Bereich des After Sales-Services möglich.

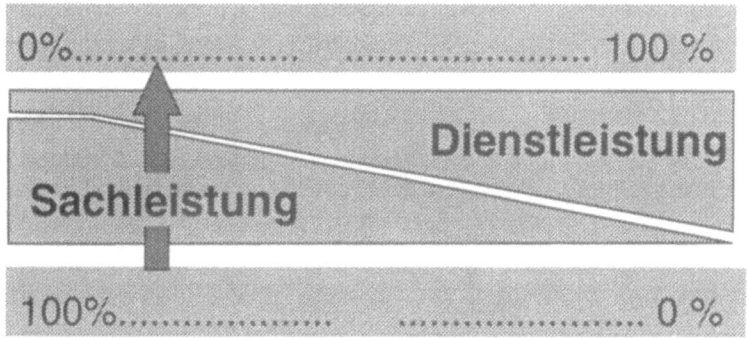

Werden Dienstleistungen im Vorfeld, in der Akquise oder im Umfeld des Produktes erbracht, stehen sie unter dem Verdikt „... da zahlt uns keiner was für!". Und darüber besteht traditionell zwischen den Vertriebsmitarbeitern und den Einkäufern auf der Kundenseite Einvernehmen.

Wie sehr in sachleistungsorientierten Unternehmen die Mitarbeiter über ihre Funktion und Aufgabe bereits auf die anfaßbaren und leicht strukturierbaren Sachleistungen ausgerichtet sind, zeigt folgende Tabelle:

	Mitarbeiter in der Konstruktion	Mitarbeiter in der Verwaltung
Zulässige Leistungsziele	Technische Perfektion	Fehlerfreies Einhalten von Vorschriften
Zulässiges Verhalten	Optimale Ablaufpläne	Vermeiden von Präzedenzfällen
Arbeitsmotive	Spaß am komplexen Denken	Alles in Ordnung bringen, gerecht sein
Art der Handlungskompetenz	Oft „unpersönlich"	Oft direktiv
Ergebnisrückmeldung	Funktionsfähigkeit	Arbeit muß einer Überprüfung standhalten (Finanzamt)
Belohnungen meist für:	Gute Sachlösung	Fehlerfreiheit

Quelle: Prof. H. Wottawa

Wer technische Perfektion, fehlerfreies Einhalten von Vorschriften oder optimale Ablaufpläne zu seiner Herzensangelegenheit macht, dem sind die flüchtigen, kommunikativen und ungeordneten Dienstleistungsanteile eher suspekt.

Praxisbeispiel:
Ein Vertriebsingenieur eines Zulieferers für Hydraulikteile und der Einkäufer eines Baumaschinenherstellers vereinbaren eine kostenlose Serviceleistung. Applikations-Ingenieure des Zulieferers werden die eingesetzten Bauteile und ihre Montage in der Produktion des Baumaschinenherstellers untersuchen und Optimierungsmöglichkeiten vorschlagen.

Nach vier Wochen erstellt das Team einen Bericht.

Das Ergebnis ist eine deutliche Materialeinsparung und eine längere Lebensdauer bestimmter Teile durch Verbesserungen in der Montage. Der Vertriebsingenieur übergibt die mit Zeichnungen, Tabellen und Fotos gut beschriebene Dokumentation dem Einkäufer. Dieser erstellt mit den Daten eine Ausschreibung und sucht damit den preiswertesten Hersteller auf dem Markt!

Übertrieben? Nein - eher untertrieben. Bevor wir nun den Einkäufer der Kaltschnäuzigkeit oder den Vertriebsingenieur der Dummheit bezichtigen, schauen wir uns an, was geschehen ist.

Vertriebsingenieur und Einkäufer sprechen in der Regel über den Preis für das Sachgut. Alle Dienstleistungsanteile sind ausgeblendet oder werden nur am Rande erwähnt. In den Angeboten, den Prospekten werden nur die Sachleistungen als Produkt dargestellt. Sachleistung und Produkt sind identisch. Die Dienstleistungsanteile werden nicht als wertschöpfend wahrgenommen.

Beide - der Vertriebsingenieur sowie der Einkäufer haben im allgemeinen keine Vorstellung von Leistungsbündeln.

Durch den Service des Zulieferers wurde eine deutliche Materialeinsparung und eine längere Lebensdauer bestimmter Teile durch Verbesserungen in der Montage erreicht. Diese Wertschöpfung wurde aber nicht den Managern der Produktion, des Vertriebs oder des Services des Baumaschinenherstellers vermittelt, also den Abteilungen, die diese Wertschöpfung nutzen, sondern nur mit dem Einkäufer. Der aber tat, was seine Aufgabe war, er suchte den kostengünstigen Zulieferer für das Sachgut.

Ohne eine klare Wertvorstellung von Leistungsbündeln und dem Nutzen der Sachanteile und Dienstleistungsanteile werden weiter Rabatte verkauft!

Arbeitsansatz für die Ausrichtung auf Leistungsbündel

Natürlich haben in den letzten Jahren Produktionsbetriebe einen wachsenden Anteil an Dienstleistungen in ihrem Programm.
Das ist ein guter Ansatzpunkt für eine bewußte Änderung der Spielregeln. Wenn ein traditionell auf Sachgüter ausgerichtetes Unternehmen mit Kunden und Mitarbeitern gemeinsam die vorhandenen Dienstleistungen im Leistungsbündel analysiert und bewertet, findet man oft verborgene Schätze im Know-how aller Beteiligten.

Praxisbeispiel:

Die Einführung der systematischen Dienstleistungsentwicklung in einem Produktionsbetrieb wurde mit einem Projektteam aus Mitarbeitern des Produktmanagements, des Vertriebsinnendienstes, des Außendienstes und des Services realisiert.

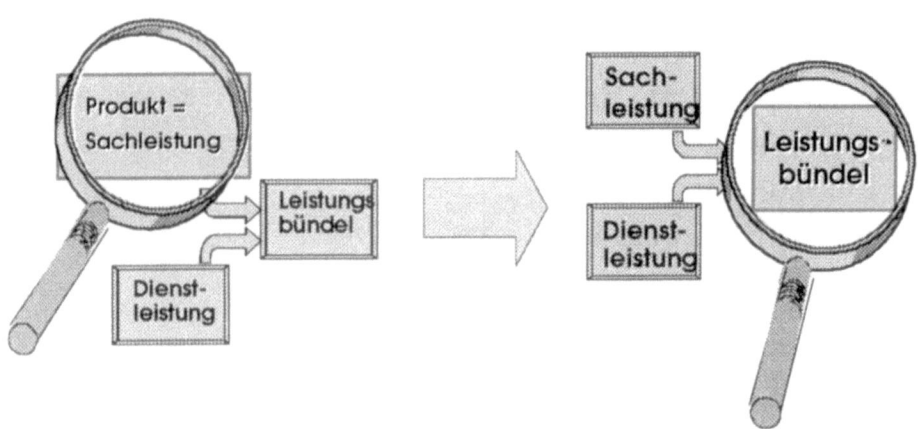

Das Dienstleistungs-Know-how, das zum größten Teil als Erfahrung in den Köpfen der Mitarbeiter vorhanden war, stand nun im Modell des Leistungsbündels gleichberechtigt neben der Sachleistung. Die Denkblockade „Dienstleistungen sind nur Zusatznutzen bzw. Add ons" bzw. „Da zahlt uns keiner was für" lösten sich im Laufe der Zusammenarbeit mehr und mehr auf. Das Ergebnis waren marktreife Leistungsbündel, die durchgängig auch als Leistungsbündel dargestellt und mit Erfolg vermarktet wurden.

2.2 Leistungsbündel mit ausgewogenem Sachleistungsanteil und Dienstleistungsanteil

Einen ausgewogenen Sachleistungsanteil und Dienstleistungsanteil haben viele Gewerke im Handwerk, die im Bereich der Erhaltung und Erneuerung arbeiten. Am Beispiel der Gebäudereiniger kann man das verdeutlichen.

Das Gebäudereiniger-Handwerk ist eine sachbezogene Dienstleistung. Der Nutzen der Dienstleistung geschieht an einer Sache.

In den Piktogrammen des Broadway-Managements ist dies das Symbol einer sachbezogenen Dienstleistung.

Gebäudereiniger-Meister verstehen sich als „die" Dienstleistungs-Branche unter den Handwerkern. Innungen und Verbände haben die Verbindung Handwerk = Dienstleistung auch sehr stark in der Image-Werbung für dieses Gewerk besetzt.

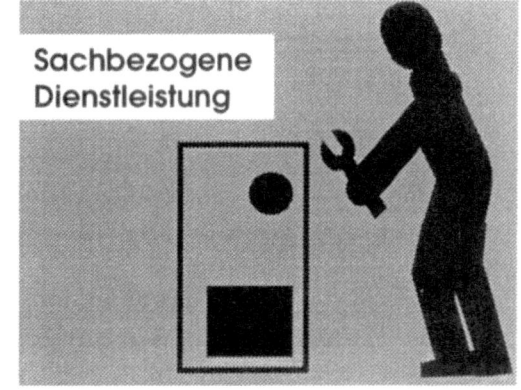

In einer Diskussion mit Gebäudereiniger-Meistern wurde gefragt: „Wenn Sie eines Ihrer typischen Leistungsangebote vor Augen haben, wieviel Sachleistungs-Anteil (Reinigungsmaschinen, -mittel, Pläne und Tabellen) und wieviel des Dienstleistungs-Anteils sind in den Akten-Ordnern?"

Die Antwort zeigte, daß die meisten Unternehmen eine ebenso starke Ausrichtung auf die Gestaltung der Sachleistungs-Anteile wie der Dienstleistungs-Anteile haben.

Sollen mit Hilfe der systematischen Dienstleistungsentwicklung neue Leistungsbündel gefunden werden, definieren wir erst einmal die branchentypischen Basisprozesse. Dann werden die Sachanteile und die Dienstlettungsanteile bestimmt und in einem Produktmodell als Leistungsbündel gestaltet.

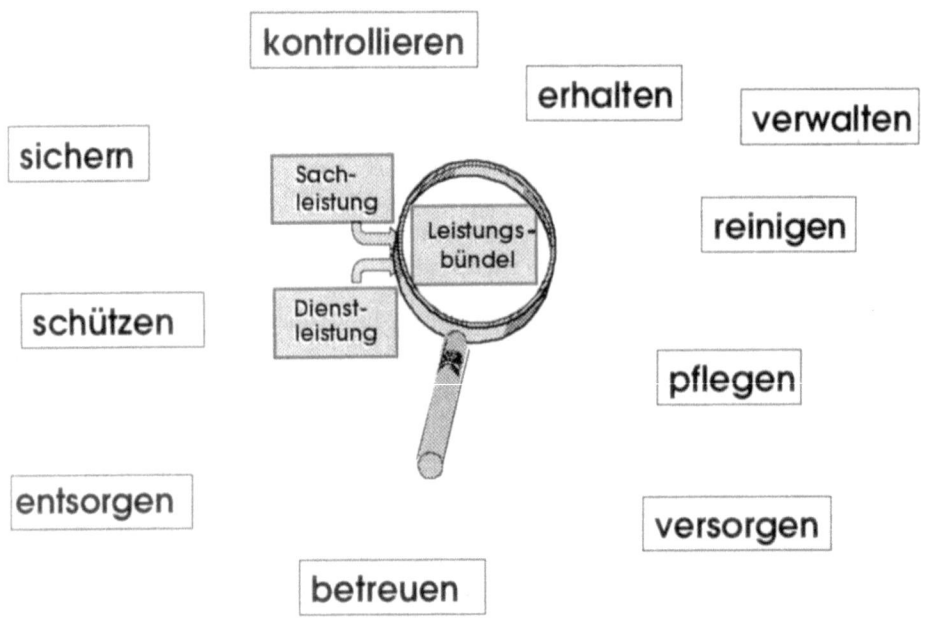

Im Auftrag des Gebäudereinigerhandwerks wurde vom Marktforschungsinstitut sinus, Heidelberg, das **Potential für haushaltsnahe Dienstleistungen im Privatkundenbereich** untersucht.

Die Zielgruppe für haushaltsnahe Dienstleistungen sind gehobene Privathaushalte, die Gruppe der sogenannten „vermögenden" Senioren und Freiberufler wie Ärzte, Rechtsanwälte, Steuerberater usw. In dieser Studie wurden unterschiedliche Potentiale bei diesen Zielgruppen geortet.

Diese Kunden können normalerweise zu niedrigsten Stundenlöhnen Reinigungspersonal (möglicherweise noch „schwarz") beschäftigen. Es gibt einen deutlichen Preisunterschied zwischen der klassischen „Putzfrau", die für einen geringen Stundenlohn arbeitet, und dem perfekt gestalteten Dienstleistungsprozeß einer haushaltsnahen Dienstleistung. Die Preisbereitschaft des Kunden für diese teurere Dienstleistung kann mit dem Broadway-Management© systematisch entwickelt werden. Die Aufführung des Theaterstücks „Putzfrau macht sauber" ändert sich zur Inszenierung des Dienstleistungs-Theaters „Vertrauen Sie unserer Hauswirtschafts-Meisterin Ihr Heim an".

2.3 Vom Produzent zum Dienstleister

Von der Mausefalle zum Null-Maus-Management

Es war einmal ein traditionsreiches Unternehmen, das seit 1880 Mausefallen produzierte. Das Produkt war die Mausefalle. Alle Aktivitäten des Unternehmens waren auf die Entwicklung und die Produktion immer besserer Mausefallen ausgerichtet.

Die Mausefalle stand im Mittelpunkt. Sie war das Thema der Verkäufer im Außendienst, der Konstrukteure in der Entwicklungsabteilung, der Kaufleute im Rechnungswesen, der Werbefachleute oder der Mitarbeiter in der Versandabteilung, die die geforderten Stückzahlen einpackten und mit dem werkseigenen LKW zum Kunden transportiert wurden. Ihre Arbeit „diente" dazu, den Erfolg des Produktes Mausefalle auf dem Markt zu ermöglichen.

Genaugenommen waren es Dienstleistungen, die das „Produkt" begleiteten und unterstützten. Und wenn eine Mausefalle im Regal des Eisenwarenhändlers zum Verkauf angeboten wird, war alles, was dem Erfolg des Produktes dienlich war, unsichtbar mit dem Produkt verbunden.

Wir können diese unsichtbaren Dienstleistungen wieder sichtbar machen, wenn wir uns die Sachanteile und Dienstleistungsanteile bewußt machen und zu einem Leistungsbündel ergänzen. Im Vordergrund steht weiterhin unsere Mausefalle als der entscheidende Sachanteil.

Die Dienstleistungen setzen sich zusammen aus internen Dienstleistungen, die der Kunde nicht direkt wahrnimmt, wie z.B. die Lagerhaltung und Verpackung sowie externen Dienstleistungen, die der Kunde wahrnimmt, wie die Beratung durch den Außendienst oder die Anlieferung durch den werkseigenen LKW.

Was verkauft wird, ist ein Leistungsbündel aus einer Sachleistung und den damit verbundenen internen und externen Dienstleistungen. Am Markt werden kaum einzelne Leistungen abgesetzt, denn die vermarkteten Produkte sind immer Bündel von Sachleistungen und Dienstleistungen.

Diese Betrachtungsweise ist produzierenden Unternehmen, bei denen der Sachleistungsanteil im Vordergrund steht, immer noch fremd. Dabei kann diese Betrachtungsweise sehr hilfreich sein, wenn traditionell produktorientierte Unternehmen, in Folge von Marktveränderungen, sich in gefährlichem Fahrwasser befinden.

Wie viele Märkte, so war irgendwann auch der Mausefallen-Markt durch den globalen Wettbewerb und bessere Produktionstechniken gesättigt.

Eine Chance, die Situation am Markt zu verbessern, sah man nun in der Ausweitung der Dienstleistungen. In unserem Modell bedeutet dies, den Dienstleistungsanteil des Leistungsbündels gegenüber dem Sachanteil zu verändern.

Um das Dienstleistungspotential zu analysieren, wurden die Außendienstmitarbeiter des Unternehmens befragt. Es stellte sich heraus, daß das Vertriebsteam im Norden eine Mausefallenaufstelll-Software entwickelt hatte, die den Kunden kostenlos zur Verfügung gestellt wurde. Im Süden hatte das Team eine Maus-Entsorgungs-Logistik aufgebaut, die von den Kunden rege genutzt wurde. All diese Aktivitäten wurden aber nicht dem Stammhaus gemeldet, da man auf solche Aktivitäten in der Vergangenheit mit Skepsis reagiert hatte. Schließlich war man ja ein Mausefallen-Produzent, und Aktivitäten hatten sich auf die Verbesserung des Produktes auszurichten.

Doch nun fragte man sich im Stammhaus, warum der Vertrieb mit diesen Aktivitäten bei seinen Kunden Erfolg hatte. Die Antwort war einfach, sollte aber in ihrer Konsequenz das Unternehmen grundlegend verändern. Im Grunde war kaum ein Kunde nur an einer Mausefalle interessiert. Was die Kunden wollten, war offensichtlich. Der Schaden, der durch Mausfraß beschädigten oder durch Mauskot unhygienisch gewordene Güter, sollte - nicht nur durch Mausefallen - so niedrig wie möglich gehalten werden.

Das war das Problem der Kunden. Die Mausefalle war nur ein Teil dieser Problemlösung. Nun hatte sich aber im Laufe der Jahre bei den Außendienstmitarbeitern ein umfangreiches Wissen zum Thema: *„Vermeidung von Kosten durch beschädigte und unhygienische Güter"* gebildet.

Auf diesem Wissen aufbauend, wurde schließlich ein Tochterunternehmen gegründet - die Null-Maus GmbH - ein dienstleistungsorientiertes Unternehmen.

Dieses Unternehmen verkauft dem Kunden ein Leistungsbündel, das den Wert der *Kostensenkung durch weniger beschädigte, hygienischere Güter* in den Vordergrund stellt. Natürlich werden im Rahmen dieses Leistungsbündels auch immer noch Mausefallen als Sachleistungen verkauft.

3 Broadway-Management

3.1 Erstes Beispiel: Dienstleistungs-Aufführung im Lebensmittel-Einzelhandel

Der Händler ist nicht mehr nur Warenbeschaffer, der verschiedene logistische Dienstleistungen honoriert bekommt, sondern auch Entertainer, dem das Publikum nur dann applaudiert, wenn seine „Show" gut war. Der strahlende Held dieser Show ist nicht der Verkäufer, sondern der Kunde. Er ist Publikum und Hauptdarsteller in einem.

Zum Event kann ein Einkauf nur werden, wenn der Kauf den Kunden emotional bewegt. In diesem Zusammenhang sollte der Einzelhandel sich an Schauspielhäusern orientieren, schlägt Karstadt-Vorstand Deuss vor, denn die fesseln ihr Publikum nicht durch pompöse Gebäude oder bequeme Bestuhlung, sondern durch die Inszenierung, die man auf der Bühne miterleben kann.
(Quelle: M. Tominaga - Die kundenfeindliche Gesellschaft)

Der Ortsteil einer Großgemeinde in Mittelhessen indem ich lebe, hatte bis in die 90er Jahre einen kleinen „Tante-Emma-Laden", der aus Altersgründen zu unserem Bedauern geschlossen wurde. Eine Nachbarschaftsinitiative führte dazu, daß ein Lebensmittel-Großmarkt dafür zu interessieren war, eine Filiale in diesem Ortsteil zu eröffnen.

Ein Teil des engagierten Teams sehen wir auf dem nebenstehenden Bild.

Die klassischen Aufgaben eines Lebensmitteleinzelhandels, Logistik und Warendistribution wurden um die aufgeführten Dienstleistungen ergänzt.

Ich hatte als Nachbar Gelegenheit, dieses Projekt vom Bau bis zur Einweihung und dem sich einspielenden Alltag zu verfolgen. Mit den Augen des Dienstleistungs-Designers sah ich hier die Bühne für das Theaterstück „Beim Lebensmittelhändler" entstehen, sah die Gestaltung der Dekoration, den Aufbau der Requisiten und die Entwicklung einer motivierten „Schauspieltruppe", die die Inszenierung des Theaterstückes zum Erfolg machte. Das Motto des Broadway-Managements „Eine gute Dienstleistung ist ein erfolgreiches Theaterstück" zur Gestaltung von Dienstleistungen im Mittelstand, wurde hier zum Nutzen der Kunden umgesetzt.

Quelle: REWE nahkauf Fellingshausen

„Das Gewöhnliche außergewöhnlich gut machen" ist das Motto der Dienstleistungsinitiative des Händlers. Unterstützt werden diese Aktivitäten durch Personalschulung und Konzeptunterstützung.

Für Klein- und Mittelbetriebe wird es in Zukunft immer interessanter sein, sich in Vertriebssysteme zu integrieren. Das können Franchise-Systeme oder Vertriebspartnerschaften sein. Hierbei ist entscheidend, daß in solchen Partnerschaften Leistungsbündel mit ausgeprägten Dienstleistungsanteilen in zwei Ebenen entlang der Wertschöpfungskette zu gestalten sind.

Als Wertschöpfung bezeichnet man die Differenz zwischen dem Umsatz eines Unternehmens und dem Wert der von außen bezogenen Vorleistungen.

Die Wertschöpfung entsteht aus der Wertschätzung unserer Kunden für unsere Leistungen!

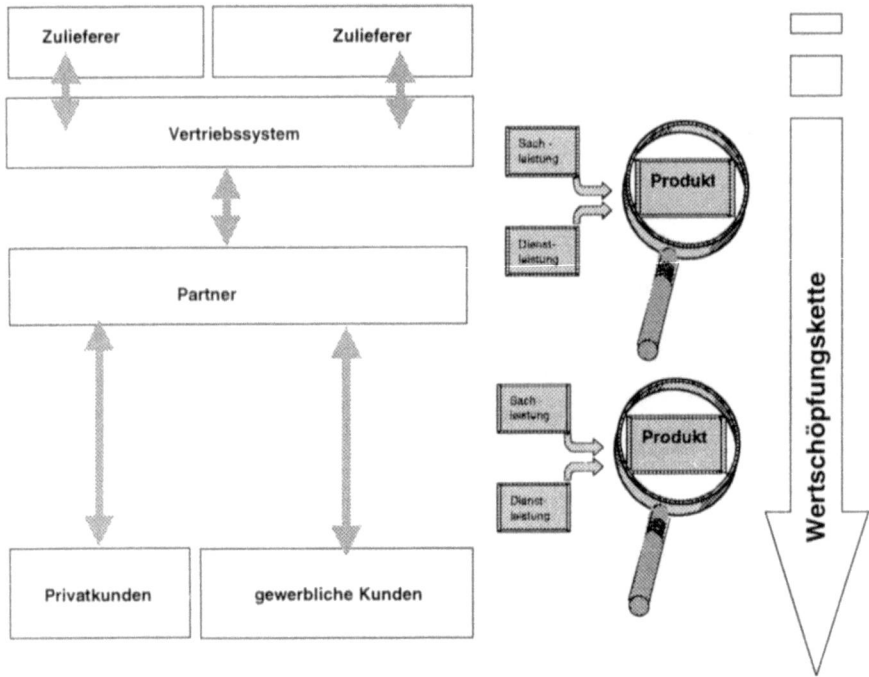

Entwicklung der Leistungsbündel entlang der Wertschöpfungskette:

Ebene (A) Leistungsbündel mit ausgeprägten Dienstleistungsanteilen zwischen Vertriebssystem und dem Klein- und Mittelbetrieb

Ebene (B) Leistungsbündel mit ausgeprägten Dienstleistungsanteilen zwischen Endkunden und dem Klein- und Mittelbetrieb

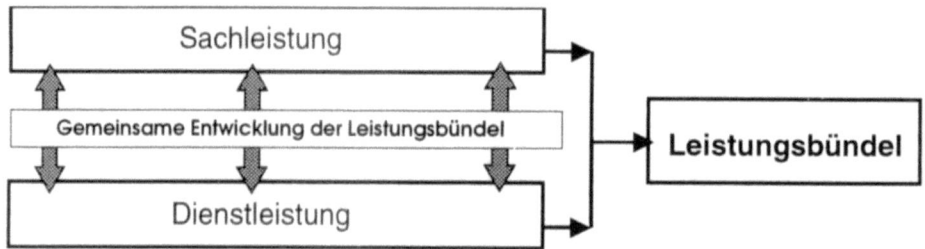

Wobei die Entwicklung sinnvollerweise parallel erfolgen sollte.

3.2 Zweites Beispiel: Dienstleistungs-Aufführung im Fachhandel

Auf einer Veranstaltung in einer hessischen Kleinstadt schilderte mir ein erboster Radio- und Fernsehtechniker-Meister das Verhalten mancher Kunden, die mit dem Prospekt eines Discounters in der Hand in seinen Laden kommen, Beratungsleistungen in Anspruch nehmen und dann fragen, welches Gerät das Beste sei, um es anschließend beim Discounter zu kaufen. Dabei, so fuhr er fort, bringe *er* dem Kunden das Gerät vorbei, schließe es an und überprüfe die Antenne. Ganz abgesehen davon, daß der Kunde im Garantiefall das Gerät abgeholt und ein Ersatzgerät aufgebaut bekäme.

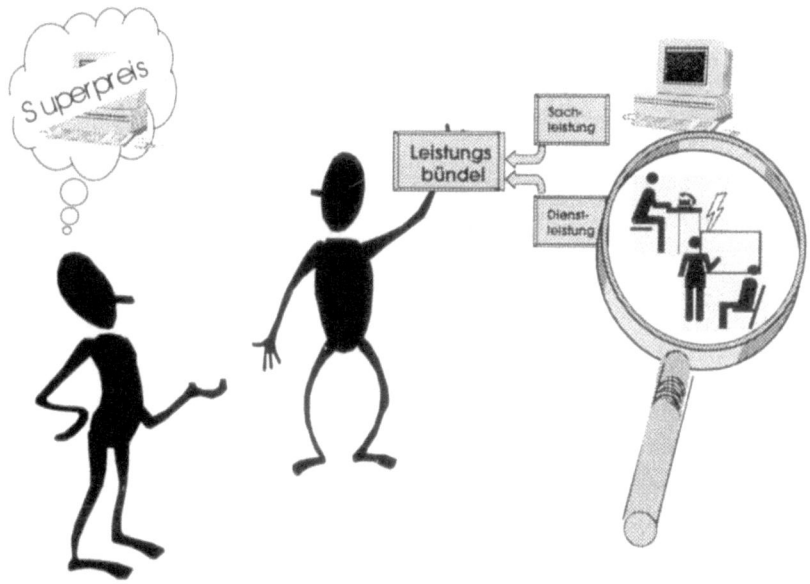

Natürlich würde der Kunde gerne diese Leistungen in Anspruch nehmen - aber bitte zum Gerätepreis des Discounters - denn das „supergünstige" Sachleistungsangebot des Großflächen-Handels wird mit dem Preis für das Leistungsbündel eines Fach-Händlers verglichen.

Von der Möglichkeit die Dienstleistung darzustellen und das Gewicht des Leistungsbündels gegen den scheinbaren „Superpreis" für das reine Sachgut in die Waagschale zu werfen, sind wir in der Praxis oft noch weit entfernt.

Der Dienstleistungs-Anteil muß für den Kunden sichtbar und erfahrbar gemacht werden! Vergleicht der Kunde den Fachhändler über die Preise mit dem Großflächen-Unternehmen, verliert der Fachhändler. Er hat nur dann eine Chance, wenn der Kunde den Dienstleistungsanteil wahrnehmen kann und für sich einen Nutzen sieht. Wir wissen, das unsere Wertschöpfung die Wertschätzung des Kunden für unsere Sachleistung und Dienstleistung ist. Der Fachhändler hat nur eine Chance, wenn er die Dienstleistungsanteile in seinem Leistungsbündel in den Vordergrund stellt: In einem Fachgeschäft, das mit Radio- und Fernsehgeräten vollgestellt ist, wird der Kunde nur die Preise der Geräte mit denen des Großflächenhändlers vergleichen. Er sieht nicht die Dienstleistung und seinen Nutzen.

Die Chance des Fachhändlers ist es, bereits in der Außenfassade seines Unternehmens, im Auftritt seiner Mitarbeiter und in seinen Werbebotschaften den Nutzen seiner Dienstleistungen in Verbindung mit den Produkten sichtbar zu machen. Er muß seine Dienstleistung und den Nutzen - im guten Sinne - inszenieren.

4 Vorgehensmodell für das Broadway-Management

4.1 Von der Idee zur Erbringung

Das Broadway-Management unterstützt die systematische Entwicklung, Inszenierung und Erbringung von Leistungsbündeln mit ausgeprägten Dienstleistungsanteilen in Klein- und Mittelbetrieben.

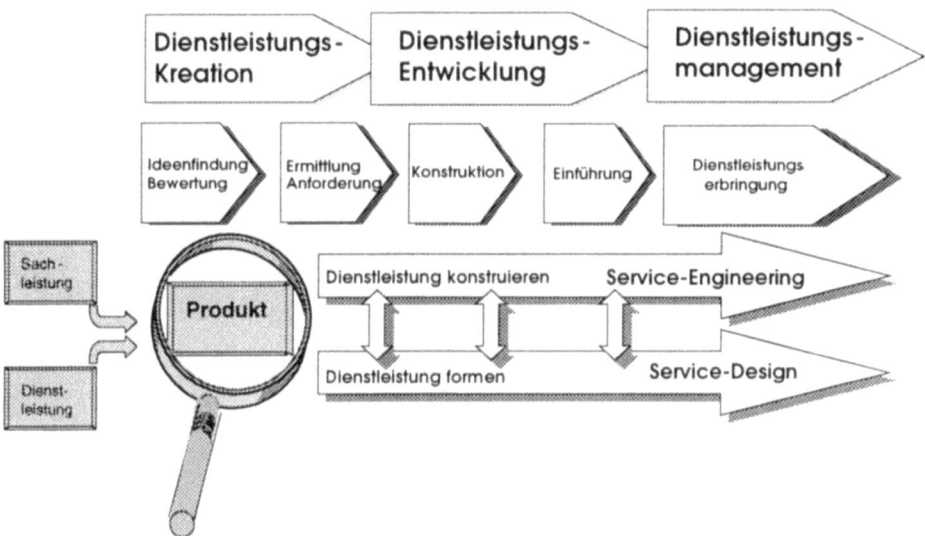

Dabei werden Methoden des Service-Engineering und des Service-Design genutzt.

4.2 Vorteile des Broadway-Managements

- Kundenorientierung:
  Konzentration auf den Kunden in allen Phasen
  Ausrichtung auf die Interaktion zwischen Dienstleister und Bedienten
  (Bewußte Gestaltung der Dienstleistungsaufführung)

- Technik:
  Berücksichtigung von „state-of-the-art"-Technologien

- Know-how:
  Qualifizierung der Mitarbeiter
  Aufbau einer abteilungsübergreifenden Fachkompetenz
  im Bereich Service-Design und Service-Engineering

- Time-to-market:
  Verkürzung der Entwicklungszeit für die Dienstleistung
  Wettbewerbsvorsprung durch effiziente Prozesse und
  gemeinsame Entwicklung von Bühne, Bühnenbild und Aufführung

- Patentfähiges Dienstleistungs-Know-how

- positiver Einfluß auf die Unternehmensbewertung

4.3 Acht Schritte zum Erfolg

In der Praxis hat sich für die systematische Entwicklung, Inszenierung und Erbringung von Leistungsbündeln mit ausgeprägten Dienstleistungsanteilen in Klein- und Mittelbetrieben das folgende Vorgehensmodell bewährt.

		Service-Design Dienstleister/Bediener/ Bühne/Requisiten/ Aufführung/	Service-Engineering Organisation des Dienstleisters/ Prozeß/Dokumentation
Erster Schritt	• Erstellen der Service-Landkarte	• Sichtbarmachen der vorhandenen Serviceanteile. • Theaterkritik	• Analyse Service-Know-how und Leistungsbündel. • Analyse vor- und nachgelagerte Wertschöpfung.
Zweiter Schritt	• Dienstleistung mit Kunden und Mitarbeitern entwickeln	• Wie erlebt der Kunde unsere Inszenierungen. • Was hätte er gerne auf dem Spielplan. • Was bestimmt seine Preisbereitschaft.	• Welche Verbesserungen für die Prozesse? • Ermittlung und Bewertung des erwarteten Nutzens.
Dritter Schritt	• Bewertung der Sach- und Dienstleistungsanteile	• Bühne, Dekoration und Requisite als gegenständlicher Hinweis auf die Dienstleistung. • Vorbereitung der Visualisierung.	• Wofür zahlt der Kunde: Prozeß, Ergebnis oder Sachanteil? • Analyse Aufwertung des Sachanteils durch Service-Know-how.

Vierter Schritt	• **Erstellen des Produktmodells**	• Einsatz der Broadway-Piktogramme für Rollen, Bühne, Requisiten	• Auswahl der repräsentativen Sach-und Dienstleistungsanteile
Fünfter Schritt	• **Erstellen des Prozeßmodells mit Hilfe des Blueprinting**	• Unterstützung der Modellbildung mit den Piktogrammen	• Auswahl der wesentlichen Kundenkontaktpunkte
Sechster Schritt	• **Gestaltung der Mitarbeiter-Kundenkommunikation in den Prozeßschritten**	• Erarbeiten des Drehbuchs mit den beteiligten Schauspielern (Dienstleister und Kunden) • Bühne, Dekoration, Requisiten • Arbeitsraum-Erlebnisraum	• Back-office Unterstützung des Front-Office • Fachliche Qualifizierung der Dienstleister • Stellenbeschreibung oder Rollenkonzept
Siebter Schritt	• **Produktinszenierung des Leistungsbündels**	• Abstimmung: Sachleistung als Vergegenständlichung der Dienstleistung	• Dokumentation der Geschäftsprozesse. • Vorbereitung für EDV
Achter Schritt	• **Prototyping des Leistungsbündels**	• Regie für Prototyping	• Dokumentation des Prototyping

Bevor wir dieses Vorgehensmodell an Praxisbeispielen darstellen, werden wir im folgenden die für das Broadway-Management eingesetzten Elemente des Service-Design und Service-Engineering beschreiben.

5 Elemente des Broadway-Managements

5.1 Service-Design, dem Dienen Form geben

„Grob gesagt, folgt das Design von Dienstleistungen den selben Regeln und Prozeduren wie das Design von Produkten: Es geht um Strategieentwicklung, Funktionalität, Customizing und Ästhetik. Es gibt Parallelen im Design von Produkten und Dienstleistungen, aber es gibt auch Unterschiede:
Wie wir anfangs gesehen haben, ist Service ein emotionales Produkt. In fast allen Service-Produkten hat man es mit einer wechselseitigen Abhängigkeit von Anbieter und Kunde zu tun, eine wechselseitige Beziehung muß sich entwickeln, individuelle Erwartungen müssen erfüllt werden. Somit beschäftigt sich das Design von Service immer auch mit dem Design von Interaktion.
(Birgit Mager - Fachbereich Service-Design Köln)

Design von Sachleistungen am Beispiel einer Tasse

Ob es mehr um die ästhetische Gestaltung einer Tasse geht oder mehr um die von der Funktion bestimmten Gestaltung z.B. einer Maschine. Wesentliche Elemente der Gestaltung eines Produktes sind Material, Farbe, Form und Oberfläche.

Wir können die Tasse anfassen, sie hat eine Größe, Form, Farbe, Materialeigenschaften wie Härte oder Oberflächenbeschaffenheit, man kann sie auf den Tisch stellen, betrachten und darüber diskutieren und natürlich daraus trinken.

Foto: N. Gierke

Die Keramikfabrik, die den Massenmarkt bedient, oder die Porzellanmanufaktur, die für den gehobenen Markt produziert, werden das angemessene Design des Produktes „Tasse" für ihren Bedarf gestalten.

Wie anders, und unserem Wunsch nach klarer Orientierung so abträglich, ist das Produkt Dienstleistung. Die Dienstleistung ist ein Prozeß, etwas, das in der Zeit entsteht. Die Dienstleistung entsteht erst, wenn sie erbracht wird, und dann ist sie nur noch eine Erfahrung.

Wenn wir die Dienstleistung als Anteil eines Produktes einer Gestaltung zugänglich machen wollen, benötigen wir Methoden und Verfahren, die dem flüchtigen Charakter unseres Objektes gerecht werden.

Kommunikationsdesign

Der Designer beschäftigt sich im Kommunikationsdesign mit dem gesamten Erscheinungsbild eines Unternehmens. Folgt man der Aufteilung in folgender Tabelle, so wird das Erscheinungsbild z.B. über Geschäftspapier und Anzeigen gemeinsam gestaltet, mit der Überlegung, wie soll z.B. das Büro oder der Verkaufsraum aussehen und welche Unternehmenskultur wollen wir nach innen und außen leben. Die Fragen des Kommunikationsdesigns sind z.B. für ein junges Unternehmen in der Gründungsphase sehr wichtig. Denn das Erscheinungsbild ist gerade in der Gründungsphase leider oft ein bunt zusammengewürfeltes Zufallsprodukt aus verschiedensten Quellen. Da wird das Logo selbst entworfen, die Anzeige selbst gestaltet und hier vielleicht noch etwas abgemildert durch einen Anzeigenvertreter mit Fachwissen. Das Erscheinungbild gestaltet leider oft jedes Mitglied des jungen Unternehmens nach Tagesform.

Für einen professionellen Auftritt sind aber gerade diese drei Bereiche, Corporate-, Environment- und Behavior-Design, erfolgsentscheidend.

Wenn wir Dienstleistung anfaßbar machen wollen, benötigen wir Dimensionen. Im ersten Teil fanden wir die Potential-Dimension, die Prozeß-Dimension und die Ergebnisdimension. Weitere Gestaltungselemente waren die Nutzenkategorien, in denen wir uns die Frage stellten, ist die Dienstleistung personennutzend, sachnutzend oder projektnutzend?

Auf der Basis dieser Elemente binden wir in der folgenden Tabelle das Service-Design in das Gesamt-Design ein.

Design				
Produkt-Design	Dienstleistungs-Design	Kommunikations-Design		
		Corporate-Design	Environment-Design	Behaviour-Design
elementar	elementar			
Material, Farbe, Form Oberfläche	**Potentialdimension** **Ergebnisdimension** **Prozeßdimension** projektnutzend sachnutzend personennutzend	Logo Marke Geschäfts- papier Plakate Anzeigen	Messestand Büro Verkaufs- räume Bekleidung	Unter- nehmens- kultur Telefon Kunden- kontakt Mitarbeiter- motivation
komplex	komplex			
Funktionsweise Konstruktions- prinzip Programmier- möglichkeiten Software	**Einbindung in** **Leistungsbündel** **Funktionsweise** **Konstruktions-** **prinzip** **Programmier-** **möglichkeiten** **Software**			
nutzerorientiert	nutzerorientiert			
zweckmäßig handhabbar erkennbar sicher haltbar pflegeleicht reparierbar entsorgbar wiederverwertbar	**genießbar** **beratend** **pflegend** **schützend** **erholend**			

Damit sollen in einem Produkt, das wir als Leistungsbündel verstehen, sowohl der Sachanteil als auch der Dienstleistungsanteil einem durchgängigen Design unterzogen werden.

5.1.1 Von der Werkstattnotiz zum Service-Design

Indem die Service-Situation wie eine Aufführung betrachtet wird, geraten geradezu zwingend die organisatorischen und gegenständlichen Rahmenbedingungen mit in den Gestaltungskontext.

Das Modell der Aufführung verlangt nach genau funktionierenden Abläufen und nach sorgfältig gestalteter Bühne, nach „Kostümen". Diese Zugehensweise erfüllt eine der wesentlichen Anforderungen an Interaktionsdesign: Verhalten und Einstellungen nicht isoliert, sondern im Kontext unternehmerischer und gegenständlicher Gelegenheiten zu betrachten und zu gestalten. Somit das anzustreben, was als Ideal des Services gelten könnte: daß er nicht nur funktioniert, sondern auch einer gewissen Ästhetik und Kunstfertigkeit nicht entbehrt.
(Birgit Mager in „Dienstleistung braucht Design"; S. 102)

In den letzten Jahren wurden in der Entwicklung geeignete Methoden zur systematischen Gestaltung von Dienstleistungen immer wieder Anleihen in Begriffen und Beispielen beim Theater gemacht. Das hat bei den Beteiligten die Überlegung angeregt, ob nicht der gesamte Prozeß als Beispiel für die systematische Entwicklung von Dienstleistungen helfen könnte.

Am Anfang haben wir die Entwicklung und Erbringung von Dienstleistungen in spielerischer Weise mit Beispielen aus der Film- und Theaterwelt beschrieben, um bestimmte Vorgänge zu verdeutlichen, doch dann entwickelte der Vergleich eine Eigendynamik, die letztlich zum Broadway-Management führte.

Uns nimmt das Geschehen auf einer Bühne gefangen durch Worte, Musik und Tanz; und wir lassen uns von den Beteiligten durch eine Geschichte führen mit vielfältigen Höhepunkten.

Ganz gleich, ob ich ein Einzelhandelsgeschäft als Bühne für die Inszenierung einer Dienstleistung (hervorragende Kundenbetreuung) nehme, einen Flughafen oder eine Behörde, ich werde in meiner Konzeption eine Grundaufgabe zu lösen haben, z.B. Verteilung von Lebensmitteln, Steuerung von Kundenströmen und Abwicklung von Verwaltungsaufgaben. Von dieser Grundaufgabe ausgehend, muß ich mich bereits in der Ideenfindung fragen, wie es mir gelingen kann, das Publikum zu interessieren und immer tiefer und leidenschaftlicher zu packen. Der Erfolg oder Mißerfolg eines Leistungsbündels oder einer Dienstleistung ist abhängig von der Mitwirkung der Kunden - sprich Publikum.

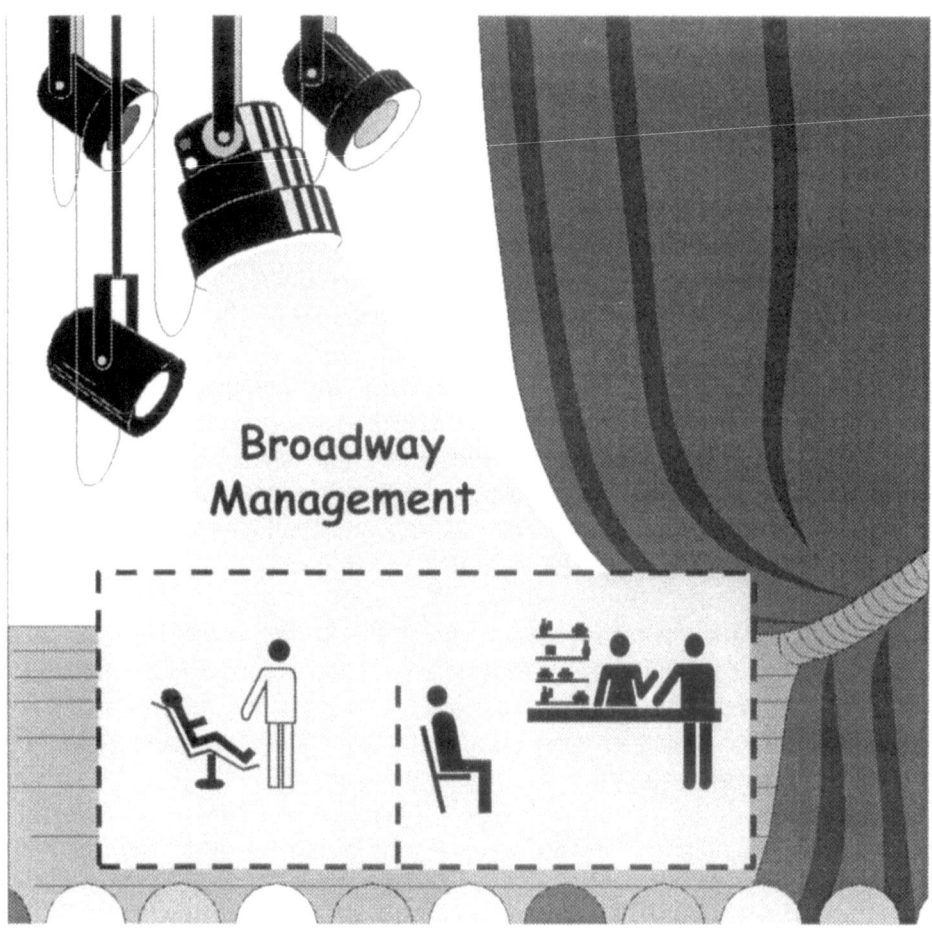

5.2 Service-Design - eine kleine Anleihe beim Theater

Im Service-Design ist unsere Aufgabe, die Dienstleistungs-Aufführungen (Service-Inszenierungen) als Prozeß zwischen Personen unter festgelegten zeitlichen und räumlichen Bedingungen zu gestalten.

Eine ähnliche Aufgabe beschäftigt das Theater seit über zweitausend Jahren.

Die Minimalvoraussetzung für das Theater kann man wie folgt beschreiben:

Ein Schauspieler (A) verkörpert eine Rolle (X) und ein Zuschauer (S) schaut ihm dabei zu.

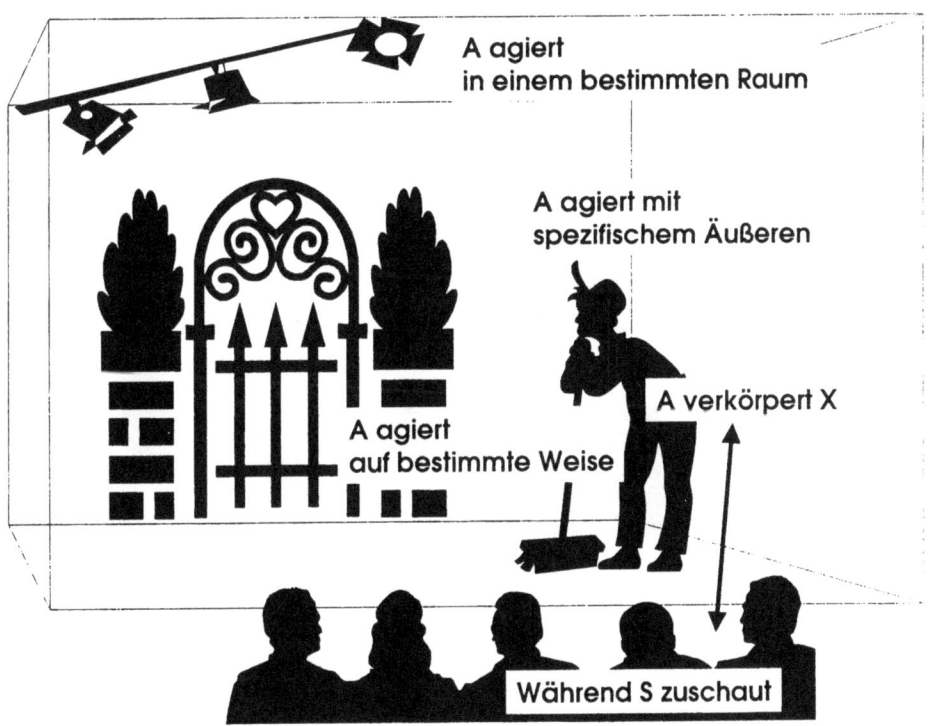

(nach E. Fischer-Lichte)

Mit diesem minimalen Ansatz wird ein Prozeß zwischen Personen unter festgelegten zeitlichen und räumlichen Bedingungen definiert.

Das uns eine Übertragung dieser Erkenntnisse und Werkzeuge aus der Theaterwelt in die Welt der Dienstleistungs-Aufführungen interessant erscheint, sollten uns die Theaterleute verzeihen.

5.2.1 Die Theateraufführung

Wir nutzen diese minimalen Elemente im Service-Design als Bausteine für die Gestaltung von Dienstleistungs-Aufführungen (Service-Inszenierungen)

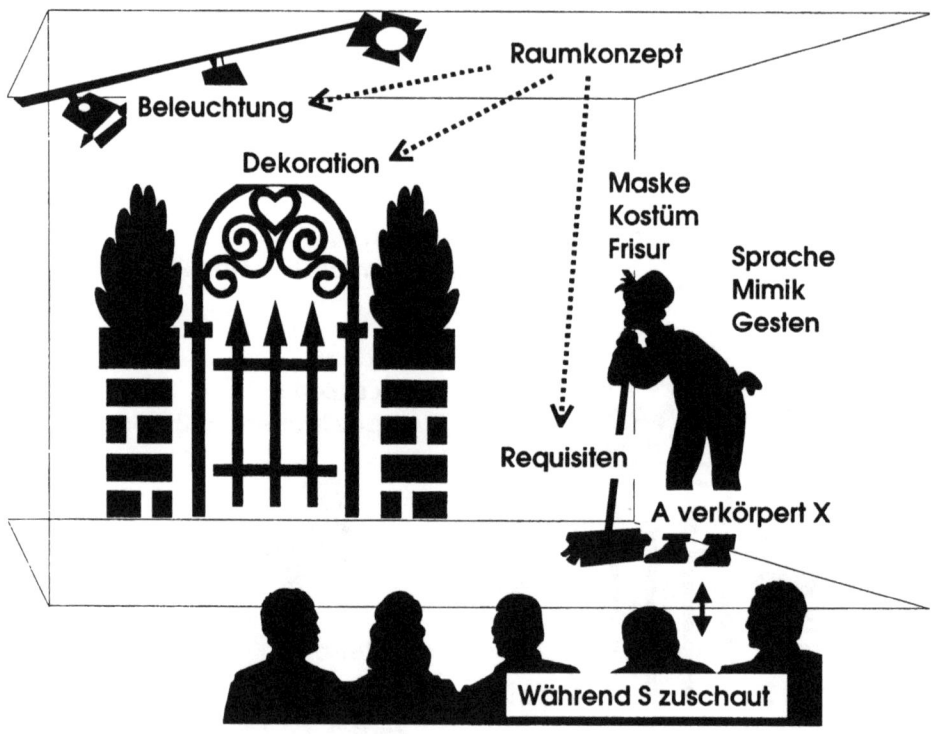

(nach E. Fischer-Lichte)

Die einzelnen „Theater"-Gestaltungselemente:

A agiert auf bestimmte Weise
Der Schauspieler spricht, bewegt sich und teilt sich über die Mimik (Wut, Freude, Angst) mit.

A agiert mit spezifischem Äußeren
Der Schauspieler trägt ein Kostüm, vielleicht eine Maske, ist geschminkt (z.B verschiedene Lebensalter) oder hat eine besondere Frisur.

A agiert in einem besonderen Raum
Dieser Raum wird durch eine Raumkonzeption, Dekoration, Requisiten und Beleuchtung hervorgebracht.

5.2.2 Die Dienstleistungs-Aufführung

Mit Hilfe der Bühnensymbole und der Rollenpiktogramme kann man die Dienstleistungs-Aufführung „Beim Friseur" darstellen. Bevor das Design der Sachanteile die Beteiligten beschäftigt, hat man die Möglichkeit, die einzelnen Szenen mit Hilfe der Rollenpiktogramme und Bühnensymbole sowohl als Potential als auch Prozeß zu diskutieren. Für die Dienstleistungs-Aufführung müssen Bühne, Bühnenbilder und Requisiten gestaltet werden. Rollen sind festgelegt und werden in Szene gesetzt. Jetzt wird die Idee auf die Machbarkeit hin überprüft. Sie werden feststellen, daß manches nicht realisierbar ist und anderes sich im Gestaltungsprozeß verändert. Wir gehen davon aus, daß Friseur und Einrichter mit Hilfe des Broadway-Managements neue Dienstleistungskonzepte suchen, entwickeln, testen, bewerten und in den Markt einführen können.

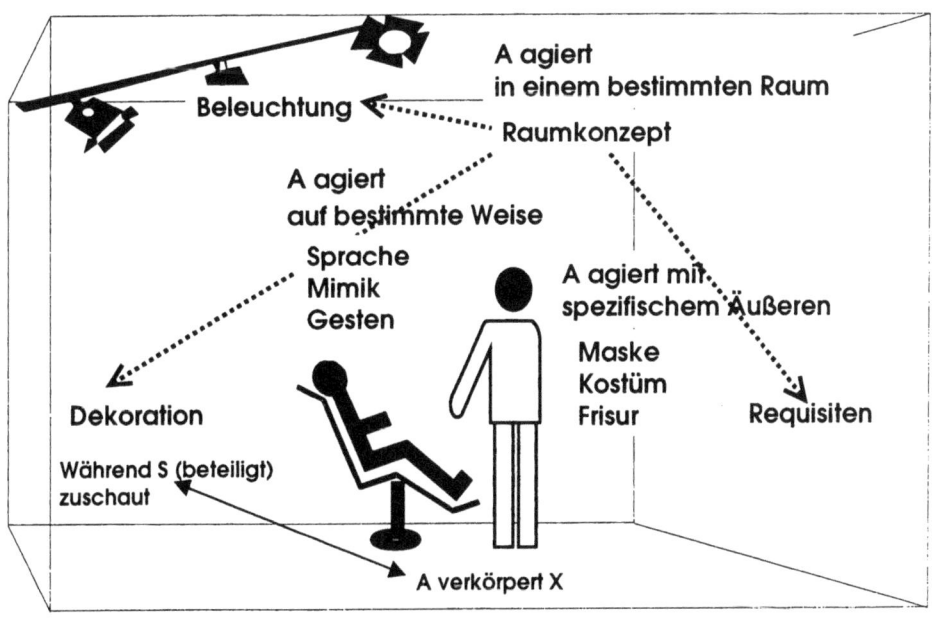

Ein Schauspieler A verkörpert eine Rolle X und ein Zuschauer schaut ihm dabei zu war die Minimalvoraussetzung für das Theater.

Ein Mitarbeiter eines Unternehmens verkörpert eine Dienstleister-Rolle X und ein Bedienter schaut ihm dabei zu, ist unsere Minimalvoraussetzung für eine Dienstleistungs-Aufführung

Dabei sind wir uns bewußt, das der Bediente „zuschauend mitspielt".

Betreten wir als Kunde die Bühne für eine Dienstleistungs-Aufführung, sind wir in der Regel mit dem Stück vertraut und kennen unsere Rolle. Dies ist der wesentliche Unterschied der Dienstleistungs-Aufführung zum Theater. Das ändert aber nichts am Nutzen der Analogie Dienstleistungs-Aufführung / Theater-Aufführung.

Unterschiedliche Dienstleistungs-Aufführungen am Beispiel des Friseursalons

Meine Entscheidung für einen bestimmten Friseursalon kann z.B. davon abhängig sein, ob ich entweder den Prozeß der Leistungserbringung genießen will, oder ob es mir darum geht, diesen Prozeß in möglichst kurzer Zeit abzuschließen, da ich nur am Ergebnis interessiert bin.

Als Kunde habe ich die Wahl zwischen zwei verschiedenen Dienstleistungs-Aufführungen:

Möglichkeit (1) ist die ergebnisorientierte Dienstleistung, die auf einer Bühne mit einfachster Dekoration stattfindet und deren Erbringungsprozesse als schnelle Abläufe optimiert werden. Das Ziel ist hier mit kurzen Wartezeiten, ein qualitativ gutes Ergebnis zu erzielen. Diese Dienstleistungsaufführung wird z.B. von großen Filialunternehmen realisiert, die ihre Bühnen oft in Kaufhäuser integriert haben. In Anlehnung an die Fast-Food Ketten könnte man diese Aufführungen auch als Fast-Cut definieren.

Möglichkeit (2) ist eine prozeß- und ergebnisorientierte Dienstleistungs-Aufführung neben der Ergebnisqualität wird hier für mich als Kunde die Erlebnisqualität entscheidend. Daraus resultiert eine aufwendigere Gestaltung der Dekoration, ergänzende Requisiten und ein erweitertes Repertoire der Bedienten hinsichtlich der Kommunikation und Aufmerksamkeit.

5.2.3   Die Fassade - den Nutzen darstellen

Wir stehen vor dem Problem, den Nutzen der Dienstleistung sichtbar und erfahrbar zu machen. Wir brauchen die Dienstleistung zum Anfassen.

Dienstleistungen sichtbar zu machen, bedeutet, den Nutzen der Dienstleistung sichtbar zu machen - Gegenstände oder Bilder zu finden, die den Nutzen visualisieren.

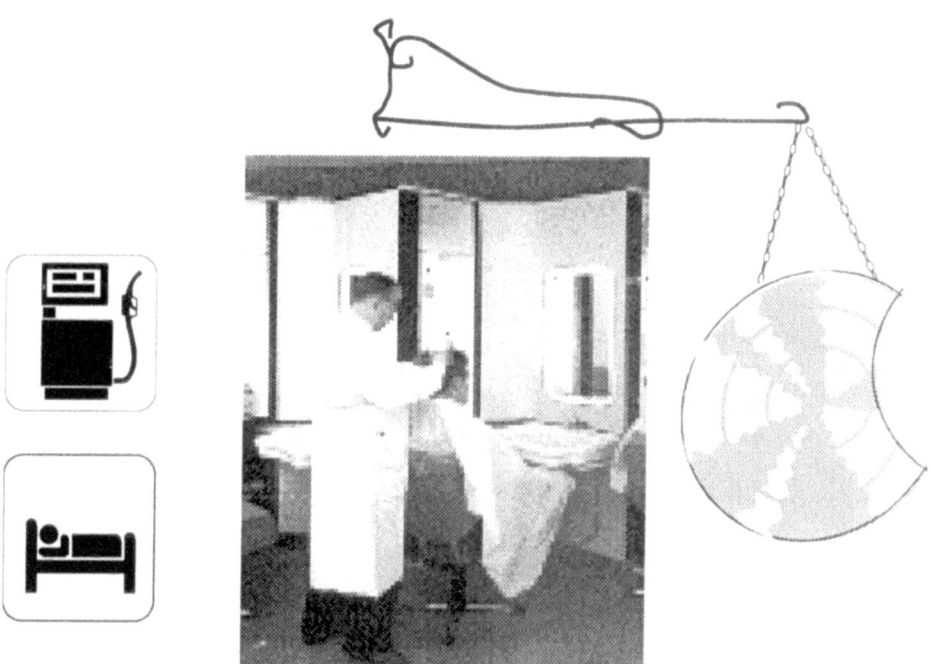

Quelle: Welonda

Eine interessante Lösung für dieses Problem sind die alten Zunftzeichen der Handwerksberufe. Noch bis in die 60er Jahre zierte jedes Friseurgeschäft eine chromglänzende Blechscheibe, die sogenannte Baderschale. Im Orginal war sie mit einem Ausschnitt versehen, der um den Hals des zu rasierenden Kunden gehalten wurde. In der Schale wurde der Schaum geschlagen und der abgeschabte Schaum mit den Barthaaren aufgefangen. Wenn man durch die Straßen einer Stadt ging, signalisierte von weitem dieser Teller die hier stattfindende Dienstleistung. Der Nutzen der Rasur, frisch rasiert mit glatter Haut den Tag zu beginnen, wurde durch die Baderschale visualisiert.

Eine amüsante Geschichte am Rande: Anfang des Jahrhunderts war es in manchen Gegenden noch Sitte, daß der Lehrling frühmorgens, wenn das Wasser zum Rasieren heiß war, mit der Baderschale durch die umliegenden Gassen lief und auf die Schale wie auf einen Gong schlug. Dieses akustische Signal war für die Honoratioren des Ortes das Zeichen zum Aufbruch zur morgendlichen Rasur.

Die moderneren Nachfolger dieser Zunftzeichen sind die *Piktogramme*, die uns auf der Autobahn mit dem Symbol einer Tanksäule oder eines Bettes auf einen Blick die angebotenen Dienstleistungen der nächsten Raststätte symbolisieren. Wir haben bei dem Versuch, Dienstleistungen und den Nutzen von Dienstleistungen sichtbar zu machen, aus beiden Quellen geschöpft.

Für ein Unternehmen mit hohem Dienstleistungsanteil bietet bereits die Gestaltung der Außenbereiche die Chance, den Nutzen der Angebotenen Dienstleistung darzustellen.

Der querliegende Strich vor den Bühnen symbolisiert die Fassaden, d.h. diese Linie markiert die Grenze, ab der *die Bühne der Dienstleistungen* für mich als Kunde sichtbar wird.

5.2.4 Die Bühnen

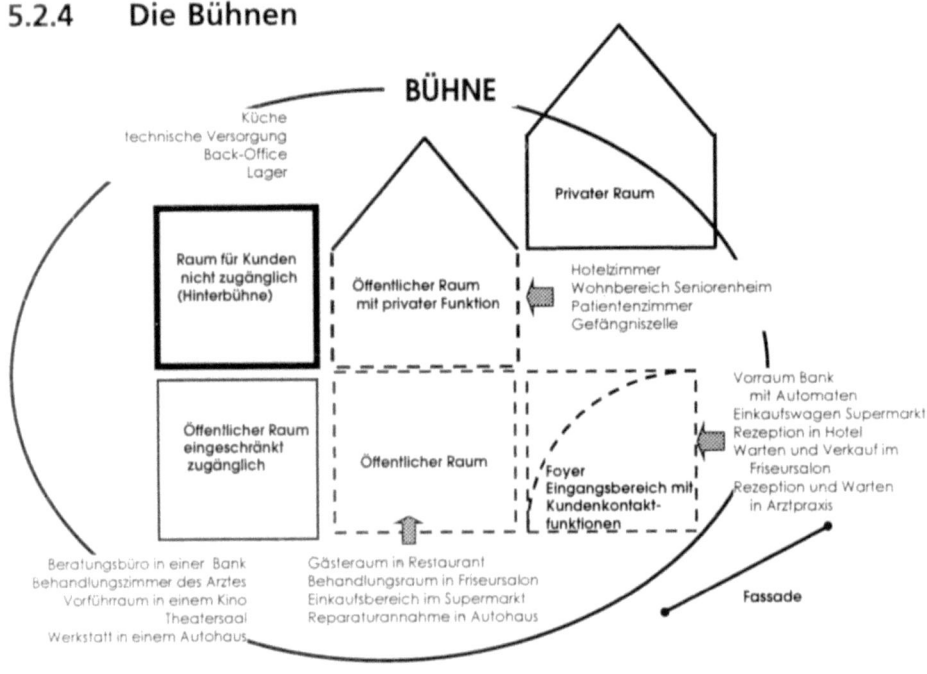

Foyer
Wenn ich eine Bank betrete, finde ich im Vorraum Geldautomaten und Drucker für Konto-Auszüge. Betrete ich ein Autohaus, so werde ich neben der Reparaturannahme einen Wartebereich auffinden. Den Eingangsbereich mit Kundenkontaktfunktion wie Geldautomaten oder Rezeptionen bezeichnen wir als Foyer. Wesentlich hierbei ist, daß dieser Teil der Bühne bewußt gestaltet wird.

Öffentlicher Raum
In diesem Bereich wird im wesentlichen die Dienstleistung inszeniert. Das kann der Gästeraum im Restaurant sein, der Einkaufsbereich in einem Supermarkt oder der Schalterraum in einer Bank.

Öffentlicher Raum mit privater Funktion
Der wesentliche Unterschied zum öffentlichen Raum ist zum einen die eingeschränkte Zugänglichkeit und zum anderen die Erfüllung von privaten Funktionen wie z.B. das Übernachten oder der Aufenthalt in einem Krankenhaus oder der Wohnbereich in einem Alten- und Pflegeheim.

Öffentlicher Raum eingeschränkt zugänglich
Auch dieser Raum ist eine Bühne für die Aufführung wesentlicher Teile der Dienstleistungsinszenierung. Nur ist der öffentliche Zugang funktionsbedingt zeitweilig eingeschränkt. Als Beispiel dafür das Behandlungszimmer in Arztpraxen, Vorführräume in einem Kino, der Theatersaal, das Beratungszimmer in einer Bank oder die Werkstatt in einem Autohaus.

Raum für Kunden nicht zugänglich (Hinterbühne)
Hierfür mögen als Beispiele Küchen in Hotels oder Restaurants, der gesamte technische Versorgungsbereich, Back-Office und Lager als Beispiel dienen.

Privater Raum
Das mit einem Dach versehene Symbol ist die Bühne des privaten Raumes. Der Privatbereich ist in der Regel nur in Teilbereichen die Bühne für Dienstleistungen. Wobei allerdings die wirtschaftliche Bedeutung dieser Bühne zum Beispiel im Bereich haushaltsnaher Dienstleistungen zunehmen wird.

5.2.5 Die Bühne als Arbeitsraum oder Erlebnisraum

Wenn ich einen Friseur-Salon betrete, werde ich zum Schauspieler im Dienstleistungs-Theater „Beim Friseur". Für mich ist die gesamte Bühne ein Erlebnisraum.

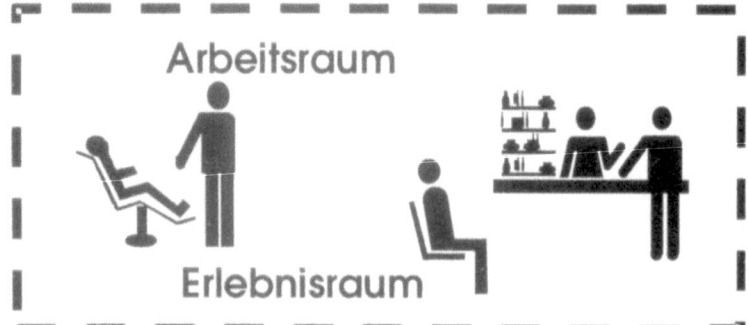

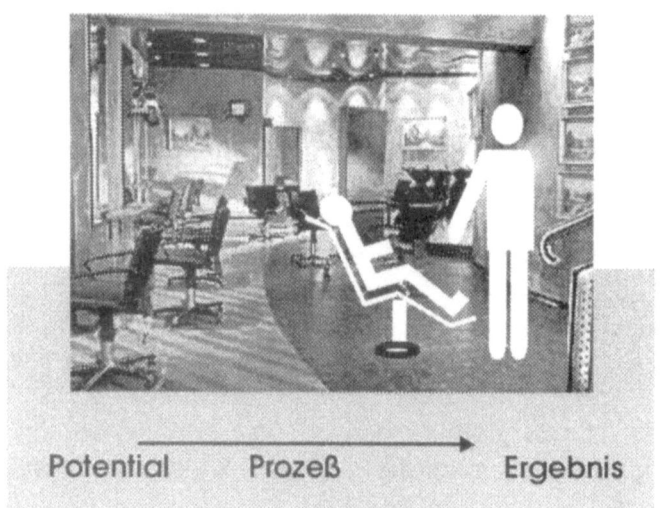

Die Bühne für das Dienstleistungs-Theater „Beim Friseur" ist für den Friseur ein Arbeitsraum. Die Gestaltung der Dienstleistungsbühne, unter diesem Gesichtspunkt, ist in der Regel durch arbeitsrechtliche und arbeitsmedizinische Vorgaben festgelegt. Mit der Gestaltung der „Dienstleistungsbühne" als Arbeitsraum beschäftigen sich deshalb auch Arbeitsmediziner bzw. Innungen.

Eine wesentliche Aufgabe des Broadway-Managements ist es, die Gestaltung der Bühne für das Dienstleistungs-Theater, ganzheitlich unter dem Aspekt des Arbeitsraumes und des Erlebnisraumes zu betreiben.

5.2.6 Dekoration und Requisiten

Dienstleistungs-Design und Dienstleistungs-Engineering sind ein Handwerk, das nur mit Erfolg in interdisziplinären Teams erbracht werden kann. Es müssen arbeitstechnische, aber auch arbeitsmedizinische Gesichtspunkte, sowohl für den Dienstleister als auch für den Bedienten, beachtet werden.

Daneben werden sicherlich die Formgestaltung, aber auch die Auswahl von Material und Konstruktion der Requisiten in einem Team von zum Beispiel Innenarchitekten, Designern, Ingenieuren, Arbeitsmedizinern und dergleichen erfolgen müssen.

Quelle: Welonda

Die Requisiten Verkaufstheke oder Rezeption sind Orte der Beratung. Im Service-Design symbolisiert durch das Rollenpiktogramm „Beratender Verkauf". Wir erinnern uns, auf der Bühne sind Requisiten ein Teil der Dekoration, der aktiv in die Aufführung eingebunden ist.

Requisiten sollten nur im Zusammenhang mit den Rollenkonzepten gestaltet werden, für die sie bestimmt sind.

Was der Auswahl dieser Verkaufstheken einen besonderen Reiz verleiht, ist die Tatsache, daß die historischen Verkaufstheken mit Nierenschalen-Sesseln heute durchaus wieder in einem Friseursalon ihren Platz finden könnten, der die späten 50er Jahre thematisiert.

5.2.7 Rollen und Kostüm in der Dienstleistungsaufführung

Scheinbar wäre es jetzt einfach zu sagen, der Schauspieler entspricht dem Dienstleister und der Kunde ist der Zuschauer. Wenn die Bühne ein Friseur-Salon ist und der Friseur der Schauspieler, dann begeben wir uns als Kunde in die Szene und werden selbst zum Mitspieler. Zum Mitspieler deshalb, da wir uns der Bühne und den Schauspielern angemessen verhalten, das Stück kennen, unsere Rolle kennen und im Augenblick der Entscheidung, einen Friseurladen zu betreten, in der Inszenierung „beim Friseur" mitspielen. Es kommt niemand auf die Idee, in einen Friseursalon zu gehen und 200g Käse zu verlangen.

Doch jetzt sei daran erinnert, daß wir im Theater als Zuschauer nicht passiv sind, sondern mit einem angemessenen Wissen zu dem, was auf der Bühne geschieht, überhaupt erst in der Lage sind, das Stück zu genießen. Was meint das?

In einer Einkaufsstraße sehen wir die Fassade eines Friseursalons. Bereits vor dem Betreten des Friseursalons ist uns klar, welches Stück dort gespielt wird: „Beim Friseur". Die Räumlichkeiten des Salons sind die verschiedenen Bühnen für die verschiedenen Aufführungen.

Wenn wir abends in einer menschenleeren innerstädtischen Einkaufsstraße die Fassade eines Friseursalons sehen und durch die Schaufenster in das Innere schauen, vermittelt uns die menschenleere Dekoration in den verschiedenen Räumen=Bühnen, die Information, daß hier am Tage das Stück „Beim Friseur" inszeniert wird. Wenn wir nun am Tage diesen Laden betreten, sind wir in der Rolle eines Schauspielers, der seinen Bühnenauftritt hat. Denn wir wissen nicht nur aufgrund der Information, die uns bereits das äußere, die Fassade, gegeben hat, welches Theaterstück aufgeführt und welche Rolle wir dabei spielen. Wir erinnern uns, wenn wir jetzt in dieser Dekoration „200 g Käse verlangen, entsteht eine für alle Beteiligten groteske Situation. Unsere Rolle erlaubt uns verschiedene Spielmöglichkeiten. Wir können fragen, ob wir direkt bedient werden, ob wir warten müssen, ob unsere Lieblingsfriseuse da ist. Aus diesem wird sich ein Dialog entwickeln, in dessen Anschluß wir warten oder direkt bedient werden.

 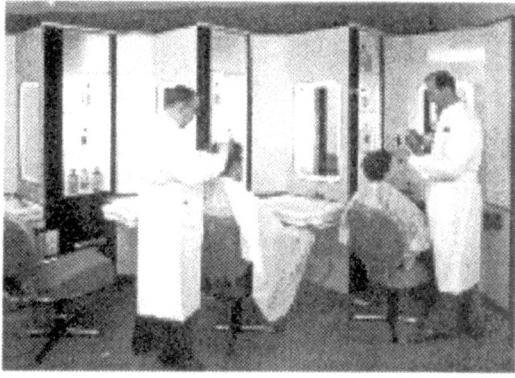

Rollen

Das Rollenpiktogramm reduziert eine Dienstleistungssituation zwischen Kunden und Dienstleister auf elementare Zusammenhänge.

Kostüm
In unserem Bild aus den 60er Jahren tragen die Friseure Arbeitskleidung, die an das Kostüm des Arztes erinnert. Der Friseur muß den Kunden anfassen, er überschreitet eine intime Grenze. Im prüden Nachkriegsdeutschland war das nur im „Sauerbruch-Outfit" möglich. In den folgenden Jahrzehnten änderte sich das Theaterstück „Beim Friseur", die Schamgrenzen wurden neu gedeutet. Heute sind im Bühnenbild, den Requisiten und der Inszenierung dieser Dienstleistungs-Aufführung durchaus erotische Komponenten eingebunden.

5.2.8 Beispiele für Rollenpiktogramme in Dienstleistungsaufführungen

Einfache Information
- geringer Informationsumfang
- Ablauf erfolgt in ritualisierter Kommunikation
- Aufgabe für Dienstleister nur Teiljob

Pförtner
Info in Parkhaus

Information mit Beratungscharakter
- Größerer Informationsumfang
- Information ist die Hauptaufgabe des Dienstleisters
- Kommunikation ist mehr kundenbezogen

Rezeption
Vertreter
Vorzimmer
Sekretariat
Reisebüro
Fahrkarten-
verkauf

Beratungsgespräch
- Der Dienstleister analysiert das Problem des Kunden und erarbeitet unter seiner Einbeziehung die weitere Vorgehensweise zur Lösung des Problems.

Kundenberater
Bank
Arzt
Anwalt
Sozialarbeiter
Akqusiteur

Behandlung
- Der Kunde wird im Dienstleistungsprozeß vom Dienstleister berührt.

Friseur
Arzt
Masseur
Kosmetikerin

Beispiele für Wartepiktogramme

Wartezimmer
- Aufrufen nach Funktion
  Labor, Behandlung Diagnose
- Aufrufen nach Ankunft
- Aufrufen nach Privat- oder Kassenpatient

Gestalteter Wartebereich z.B mit Getränkeautomat

Warteschlange -
Pro Information oder Kasse eine Schlange

Warteschlange -
eine Schlange die sich auf mehrere Informationen/ Kassen verteilt

5.2.9 Die Macht der Phantasie

Da nun das Theater aber fortwährend die Phantasie des Publikums braucht (weil es ohne ihre Mitwirkung wie ein Kartenhaus zusammenbrechen müßte), besteht seine Taktik darin, das Publikum ununterbrochen mit Teilstücken, Ausschnitten oder „Andeutungen' irgendwelcher Dinge zu füttern, oder Sie können auch sagen, mit künstlich zu knapp gehaltenen, gewissermaßen „verkürzten' Dingen aller Art, welche die Phantasie des Publikums automatisch zu ihrer Ergänzung reizen. (...)
(Pawlak. Technik der Schreibkunst).

Wenn wir in Gedanken einen uns vertrauten Weg vorstellen, so benötigen wir für einen Weg, den wir mit dem Auto in vielleicht 10 Minuten fahren, in Gedanken 20 Sekunden. Das erleben wir auch, wenn wir Träumen. Wir haben den Eindruck, daß in wenigen Momenten komplexe Handlungsabläufe geschehen, die in Wirklichkeit Minuten oder Stunden dauern. Unser Gehirn ist in der Lage aus Ausschnitten, Teilstücken oder Andeutungen in der Erinnerung z.B. einen vertrauten Weg nachzuempfinden.

Wenn ich nun einen Dienstleistungs-Prozeß unter anderem mit Ausschnitten, Andeutungen, Teilstücken versehe, die die Phantasie des Publikums zur Mitwirkung und Ergänzung reizt, wird sich der erlebte Prozeß mit Dingen füllen, die dem Kunden das Gefühl geben, geborgen, unterhalten, geliebt, gepflegt worden zu sein.

Lernen wir einmal mehr beim Theater:
Eine Faust-Inszenierung vor ausverkauftem Haus. Das Licht erlöscht im Saal. Wir schauen in einen düsteren Raum, bemalte Wände, die sich nach vorne öffnen, die Bemalung suggeriert uns gothische Fenster mit einem Pult und einigen Volianten, ein mühsam dreinblickenden Mittdreißiger in altertümlichem Gewand betritt auf knarrenden Dielen den Raum.
Als hätten wir eine Zeitreise gemacht und wären einem Zauber erlegen, entsteht durch diese Teilstücke, Ausschnitte und Andeutungen die unsere Phantasie zur Mitwirkung und Ergänzung reizen, eine neue Wirklichkeit.

Theater und Bühne sind nicht voneinander abgegrenzte Räume, in denen unterschiedliches geschieht. Sondern Bühne, Schauspieler, Zuschauerraum und Zuschauer schaffen gemeinsam für zwei Stunden eine kleine Welt z.B. des Dramas „Faust I. Teil".

Der Zuschauer konsumiert nicht, sondern er bekommt zu einem geringen Teil Anregungen, die er zu einem weitaus größeren Teil in seiner Phantasie ergänzt.

Welche Rolle spielen in einem Dienstleistungsprozeß diese künstlich zu knapp gehaltenen, gewissermaßen „verkürzten" Dinge aller Art, welche die Phantasie des Publikums automatisch zu ihrer Ergänzung reizen? Am Beispiel verschiedener Dienstleistungs-Theaterstücke zeigt es sich, das die Phantasie des Kunden für die erfolgreiche Gestaltung unterschiedlich genutzt werden kann.

In der Phantasie erbrachte Dienstleistungen

Beispiel Dienstleistungs-Theater „Beim Frisör":
In der Entscheidung, den Friseursalon zu betreten, haben wir in der Phantasie die Dienstleistungen bereits erlebt, d.h., wir betreten den Friseur-Salon mit einer gewissen Vorstellung einer gelungenen Frisur. Das wird um so mehr der Fall sein, indem die Bühne Bühnenbild und Dekoration unsere Phantasie in diese Richtung verstärken. Das wußte schon der Dorffriseur, der auf seiner sonst eher spärlich ausgestatteten „Bühne" zumindest ein oder zwei Fotos (nach dem Zeitstil frisierte Köpfe) ausstellte.

Resümee:
Es gilt für jedwede angebotene Dienstleistungen, daß Bühnenbild, Dekoration und Requisiten diese Vorstellung unterstützen und fördern müssen.

Phantasie zur Einbindung des Kunden in den Dienstleistungs-Prozeß

Beispiel: Dienstleistungs-Theater „Im Restaurant"
Ort der Handlung ist die Selbstbedienungs-Salattheke in einem Restaurant. Diese Salattheke ist aus zwei Gründen interessant.
Sie gibt uns das Gefühl, wir könnten uns mehr „holen" als man uns „geben" würde.
Mit unserem Bild von einem Salatteller im Kopf bewerten wir die Möglichkeit, an einer Salattheke uns einen Salatteller selbst zusammenzustellen als zusätzlichen Genuß. Damit ist es aber dem Dienstleister darüber hinaus gelungen, den Kunden in einem Teilprozeß zum kostenlosen Mitarbeiter zu machen (gleiches gilt für alle Selbstbedienungskonzepte).

Phantasie und Gestaltung von Wartesituationen

In Dienstleistungs-Prozessen werden Wartesituationen, Schlangen, Warteschlangen und dergleichen als Problem gesehen, das vermieden bzw. gestaltet werden soll.

Im Theater wird die Pause bewußt eingesetzt:
 „Die Pause vertieft jedes Stück. Das durch die Pause unterbrochene Stück, oder Sie können auch sagen, das durch die Pause „verkürzte Stück" - denn jeder Vorhang schneidet ja gleichsam die Bühnenhandlung an einer sorgfältig ausgetüftelten Stelle ab - läuft trotzdem weiter." (Pawlak. Technik der Schreibkunst).

Beispiel: Dienstleistungs-Theater „Beim Frisör"
Eine Wartezeit beim Friseur gestaltet sich dann auf eine völlig andere Weise, wenn zuvor eine Beratung bezüglich dessen, was nach dem Warten stattfindet, durchgeführt wird.

Beispiel: Dienstleistungs-Theater „Im Restaurant"
Der Warteprozeß in einem Restaurant wirkt verkürzt, wenn wir wie - im Theater - Teilstücke, Ausschnitte oder Andeutungen, die den Kunden zur Mitwirkung und Ergänzung anreizen, erhalten. Bsp. Speisekarte vorbeibringen, weggehen, nach Getränken fragen, weggehen, Apetizer vorbeibringen, Bestellungen annehmen, weggehen, Besteck entsprechend der Bestellung ändern, weggehen, Vorspeise servieren, usw.

5.2.10 Produktinszenierung

5.2.10.1 Beispiele für Dienstleistungsaufführungen - Fastfood-Restaurant

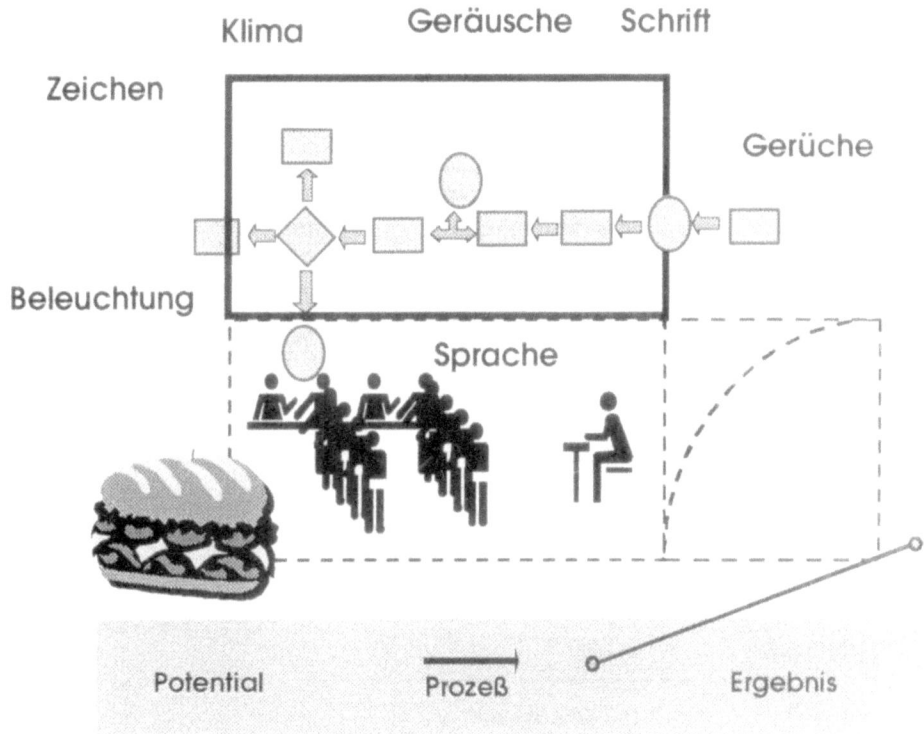

	Arbeits- und Erlebnisraum
Fassade	auf hohe Wiedererkennung der Fast-Food-Kette ausgerichtet, verstärkt meist durch Logo der Kette auf hohem Mast, Identität zwischen Dienstleistung und Firmenlogo, Visualisierung des Dienstleistungsnutzens durch Firmenlogo
Vorderbühne	standardisierte Einrichtung im „Themenstil", z.B. American Drugstore
Hinterbühne	stark prozeßorientierter ergonometrisch optimierter Küchen-, Lager- und Administrationsbereich

Requisiten	vom Design aufs Thema abgestimmt, in der Funktion nicht zu bequem und nicht zum Verweilen einladend
Rollen	stark eintrainierte Verhaltensweisen für Standarsituationen, Freundlichkeitsmaske, Personalplanung teilweise mit Hilfe von Rollenkonzepten (Dienstleister sind für unterschiedliche Funktionen trainiert)
Wartesituationen	Wartesituationen sind sehr stark designt, werden zum Teil als Unterscheidungsmerkmal entwickelt. Mc. Donalds z.B. hat nur eine Kasse. Wendy's, eine gemeinsame Schlange, die aber dafür schneller vorrückt.
	Geschäftsprozesse und Prozeßketten
Geschäftsprozesse	sehr stark festgelegt und im Back-Office-Bereich mit Standardsoftware durchgeführt
Prozeßketten	Gestaltung und Optimierung sowie Qualitätssicherung über festgelegte und beschriebene Prozeßketten
	sinnliche Wahrnehmung
Beleuchtung	grelles Licht
Geräusche	hoch
Gerüche	typischer Geruch
Klima	Vorderbühne klimatisiert
Sprache	reduzierte Kommunikation der Dienstleister
Schrift	Corporate Identity, möglichst wenig beschrieben, das reduzierte Angebot wird in Kombination von Schrift und Bildern dargestellt
Zeichen	
	Ziel und Dienstleistungsauftrag
	„Wir wollen, daß die Bedienten ihr essen kaufen, essen und wieder gehen." Aus einem standardisierten Angebot soll schnell ausgewählt werden, der Prozeß soll kurz sein. Die Preisbereitschaft wird dadurch erhöht, daß die Einzelpreise im Vordergrund stehen oder niedrigpreisige Bundels angeboten werden.

5.2.10.2 Beispiele für Dienstleistungsaufführungen - Feinschmecker-Restaurant

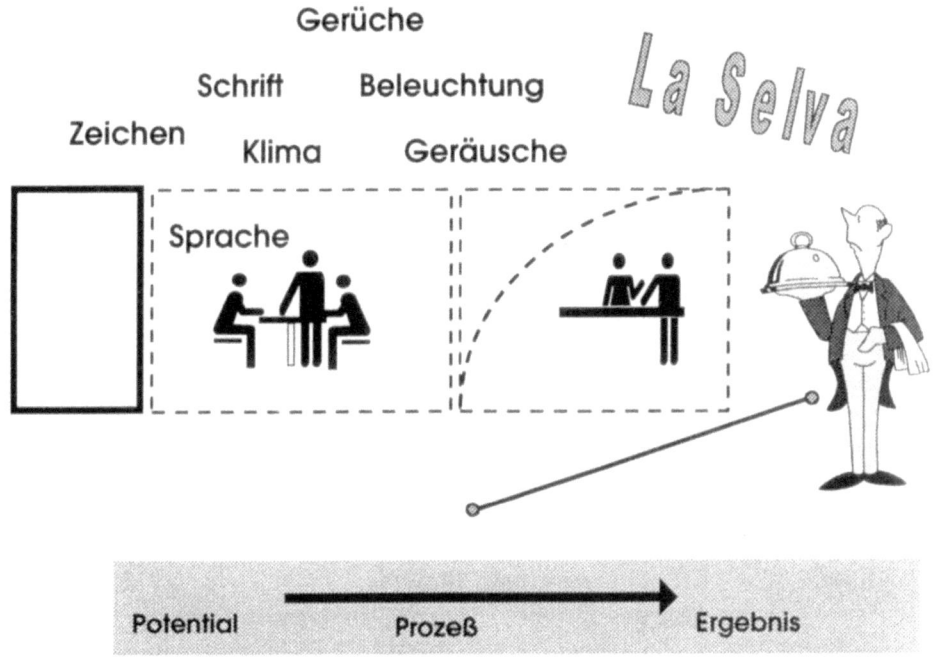

	Arbeits- und Erlebnisraum
Fassade	sehr individuell, kaum Visualisierung des Dienstleistungsnutzen
Vorderbühne	individuelle Einrichtung
Hinterbühne	Küchen-, Lager und Administrationsbereich sind meist bestimmt durch eine vorhandene Immobilie
Requisiten	bequem, zu längerem Verweilen einladend
Rollen	keine standardisierte Kommunikation, hohe Beratungskompetenz durch gute Produktkenntnisse, bewußte Selbstinszenierung des Dienstleisters (der Kellner spielt einen Kellner)

Wartesituationen	Da der Prozeß (Warten, Zusammensitzen am Tisch und Genießen) im Vordergrund steht, wird durch Auflockerungselemente nach Möglichkeit eine bewußte Wartesituation vermieden, z.B. durch Servieren kleiner Vorspeise, Zeremonialisierung der Auswahl von Weinen
	Geschäftsprozesse und Prozeßketten
Geschäftsprozesse	nicht strukturiert
Prozeßketten	nicht festgelegt und beschrieben
	sinnliche Wahrnehmung
Beleuchtung	angenehm
Geräusche	niedrig
Gerüche	unaufdringlich
Klima	angenehmes Sitzklima
Sprache	auf den Bedienten abgestimmte Kommunikation
Schrift	individuell
Zeichen	wenig eingesetzt
	Ziel und Dienstleistungsauftrag
	„Wir wollen, daß die Bedienten einen angenehmen Abend mit einem ausgezeichnetem Essen und ausgewählten Weinen genießen." Hohe Preisbereitschaft wird bei einem überragenden Angebot vorausgesetzt.

5.3 Service-Engineering - das Dienen konstruieren

Die Entwicklung des Service-Engineering erlaubt Parallelen zur Entwicklung der Software, die ja genau wie Dienstleistungen einen immateriellen Charakter aufweist. Die Erstellung von Software wurde lange Zeit eher als »Kunst« denn als systematischer Innovations- und Entwicklungsprozeß betrachtet, bis schließlich Unternehmen wie Microsoft und SAP – nicht zuletzt dank methodischer Vorgehensweisen des Software Engineering – vorgemacht haben, daß Software sehr wohl als entwickelbares Objekt aufzufassen ist, und sich durch systematische Entwicklung und Vermarktung marktbeherrschende Stellungen erzielen lassen.

Diese Erkenntnis über den Zusammenhang von systematischer Entwicklung und Markterfolg wird sich in Zukunft auch in Dienstleistungsunternehmen immer mehr durchsetzen.

Die systematische Entwicklung greifbar und reproduzierbar Dienstleistungen werden im Service-Engineering von zwei getrennten Ansätzen aus gestaltet. Zum einen sehen immer mehr Unternehmen ihre Dienstleistungen als Produkte. Sie beginnen damit, ihre Kernleistungen zu definieren und zu beschreiben sowie Produktkataloge anzulegen. Damit einhergehen Maßnahmen, wie die Festlegung von Service Levels oder die Modularisierung ihres Dienstleistungsangebotes. Während produktbezogene Ansätze zum Beispiel sehr stark im öffentlichen Sektor vorkommen, bevorzugen andere Branchen eine stärker prozeßorientierte Sichtweise. Sie konzentrieren sich auf die Erfassung, Analyse und Optimierung ihrer Dienstleistungsprozesse mit dem Ziel, Effizienz und Transparenz zu erhöhen sowie Schnittstellen und Durchlaufzeiten zu reduzieren. Beide Ansätze – produktbezogen und prozeßbezogen – haben ihren Sinn, müssen jedoch unbedingt integriert angegangen werden. Dienstleister sollten einseitige Betrachtungen vermeiden, um nicht die gleichen Fehler zu wiederholen, die man lange Zeit in produzierenden Unternehmen machte. Denn dort hat man mittlerweile gelernt, daß einerseits perfekte Prozesse ohne wettbewerbsfähige Produkte keinen Sinn machen und andererseits erfolgreiche Produkte immer auch effiziente Prozesse bedingen. Diese Erkenntnis muß insbesondere dann berücksichtigt werden, wenn es darum geht, neue Dienstleistungen zu entwickeln und am Markt zu positionieren. Die Entwicklungsphase ist dabei so zu gestalten, daß als Ergebnis sowohl Produkt- als auch Prozeßmodelle bereitgestellt werden.
(T. Meiren Fraunhofer-IAO)

Vorgehensmodelle des Service-Engineering beinhalten eine ausführliche Dokumentation von Projektabläufen, Projektstrukturen und Projektverantwortlichkeiten und unterstützen damit die Planung, Steuerung und Überwachung von Projekten.

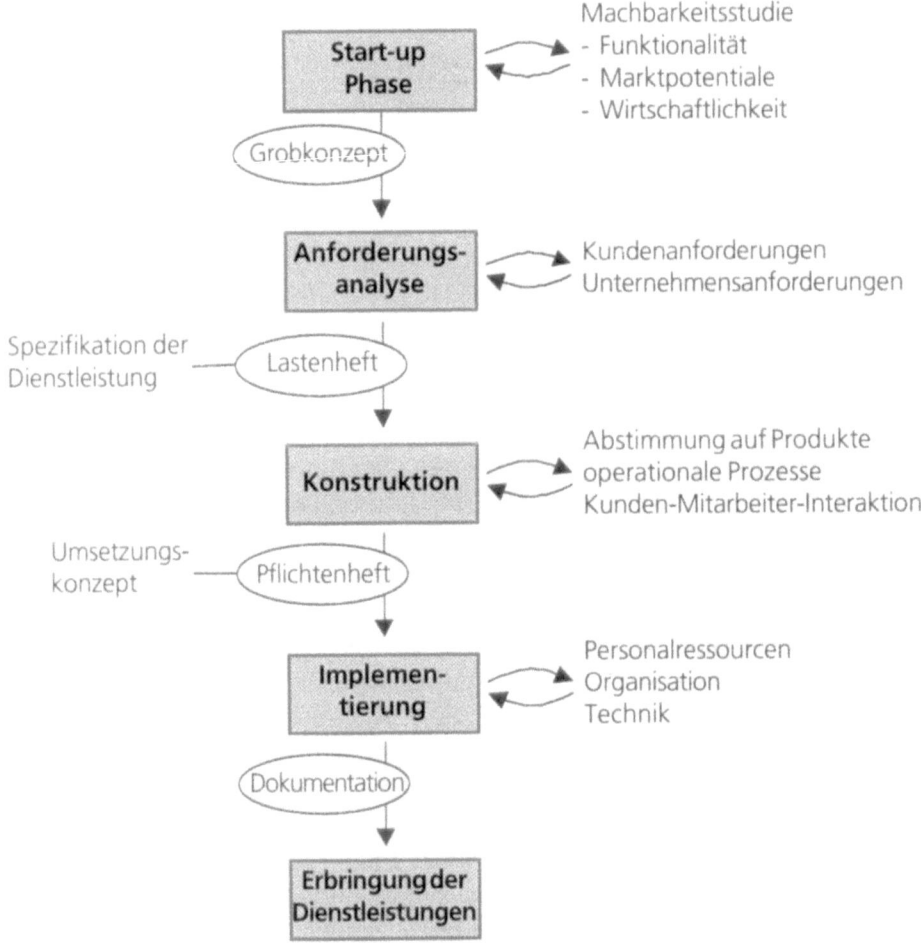

Quelle: T. Meiren FHG-IAO

Service Engineering-Ansätze basieren auf Vorgehensmodellen zur Geschäftsprozeßoptimierung. Da Dienstleistungen vom Kunden als Verrichtung bzw. Prozeß in Anspruch genommen werden, ist ein prozeßorientierter Entwurf naheliegend. Darüber hinaus gibt es z.B. aus der Softwareentwicklung sehr viele Methoden, die direkt übertragen werden können.

In der Geschäftsprozeßoptimierung haben sich Symbole und Darstellungsweisen entwickelt, die den Ablauf eines Programmes oder eines Geschäftsprozesses darstellen.

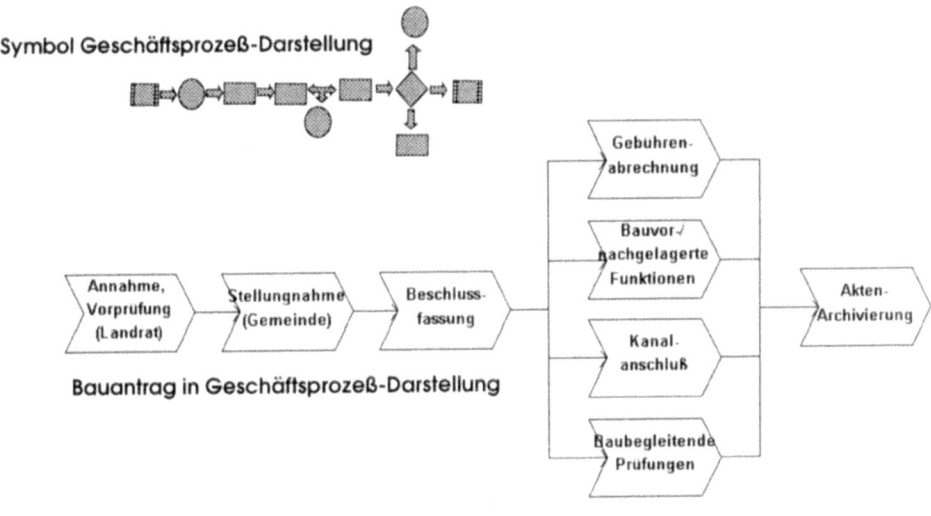

Quelle: IDS-Scheer

Damit wird mit einer Symbolsprache ein Teil der Realität eines Dienstleistungsprozesses für die Planung und Standardisierung (hier z.B. Ablauf eines Bauantrages) auf das Papier übertragen.

Über die Dienstleistungs-Aufführung „Bauantrag", die Bühne „Bauamt" mit Fassade sowie Vorderbühne und Hinterbühne, Dekoration und beteiligte Schauspieler, ihre gute oder schlechte Zusammenarbeit, erfahren wir aus diesen Zeichnungen nichts.

> Da wir in der Planung und Umsetzung unserer Dienstleistungs-Aufführung Dramaturgie, Dienstleister und Bediente, Dekoration, Requisiten konstruieren und formen möchten, benötigen wir in der Praxis ergänzend zum Service-Engineering immer die zuvor beschriebenen Modelle und Methoden des Service-Design.

5.3.1 Position des Unternehmens in der Wertschöpfungskette

Als Wertschöpfung bezeichnet man die Differenz zwischen dem Umsatz eines Unternehmens und dem Wert der von außen bezogenen Vorleistungen. Die Wertschöpfung ist um so höher, je mehr die Leistung des Unternehmens von seinen Kunden geschätzt wird.

Unsere Wertschöpfung entsteht aus der Wertschätzung unserer Kunden für unsere Leistungen.

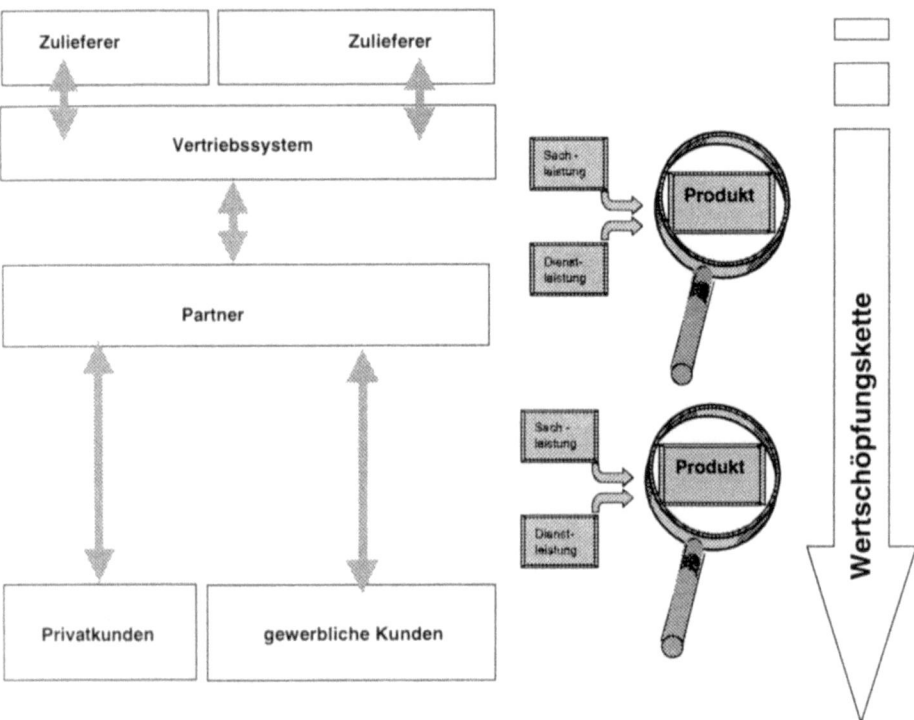

Hersteller von Sachgütern leisten immer mehr Dienstleistungen zur Unterstützung des Verkaufs und der Kundenbindung. Parallel zu dieser Entwicklung werden neue Vertriebswege über Partner- oder Franchise-Systeme erschlossen.

Ganz gleich, wie eng die Verbindung zwischen einem Systemgeber und einem Partner ist, mit Hilfe der systematischen Dienstleistungsentwicklung lösen wir die Aufgabe in der Wertschöpfungskette von Schnittstelle zu Schnittstelle, Leistungsbündel mit hohen Dienstleistungsanteilen zu entwickeln.

(A) Fragen:
Wo ist unsere Position in der aktuellen Wertschöpfungskette. (Beispiel: Gute Partnerschaft mit Zulieferer, sind wir „Generalunternehmen oder „Subunternehmen")
Welche Vorteile/Nachteile haben wir in der aktuellen Wertschöpfungskette. (Beispiel: Partnerschaft mit Zulieferer,
Welche Vorteile/Nachteile erleben unsere Kunden durch die aktuelle Wertschöpfungskette. (Beispiel: Hat unser Partner ein gutes Qualitätsimage. Stimmt der Service des Call-Centers)
Können wir uns in eine lukrative Wertschöpfungskette einbinden: (Beispiel. Werde ich Franchise-Partner)
Können wir eine lukrative Wertschöpfungskette gestalten: (Beispiel. Werde ich Franchise-Geber? Baue ich ein Partnersystem auf?)

Skizzieren Sie Ihre Wertschöpfungskette!

5.3.2 Analyse des Dienstleistungs-Know-hows / Dienstleistungs-Potentials

Bei der Analyse des Dienstleistungs-Know-hows der Mitarbeiter wird das vorhandene und das genutzte Dienstleistungs-Know-how betrachtet.

Die Analyse des vorhandenen Dienstleistungspotentials sollte auch Kompetenzen des Mitarbeiters erkennbar werden lassen, die er bis jetzt an seinem Arbeitsplatz noch nicht verwenden konnte. Bei der Analyse des genutzten Dienstleistungs-Know-how ist zwischen den erbrachten und berechneten Dienstleistungen zu unterscheiden.

Quelle: PMI

Die erbrachten und berechneten Dienstleistungen sollten von den Mitarbeitern bewertet werden. Hier kann man sehr gut die persönliche Dienstleistungsargumentation des Mitarbeiters erkennen und gegebenenfalls korrigieren.

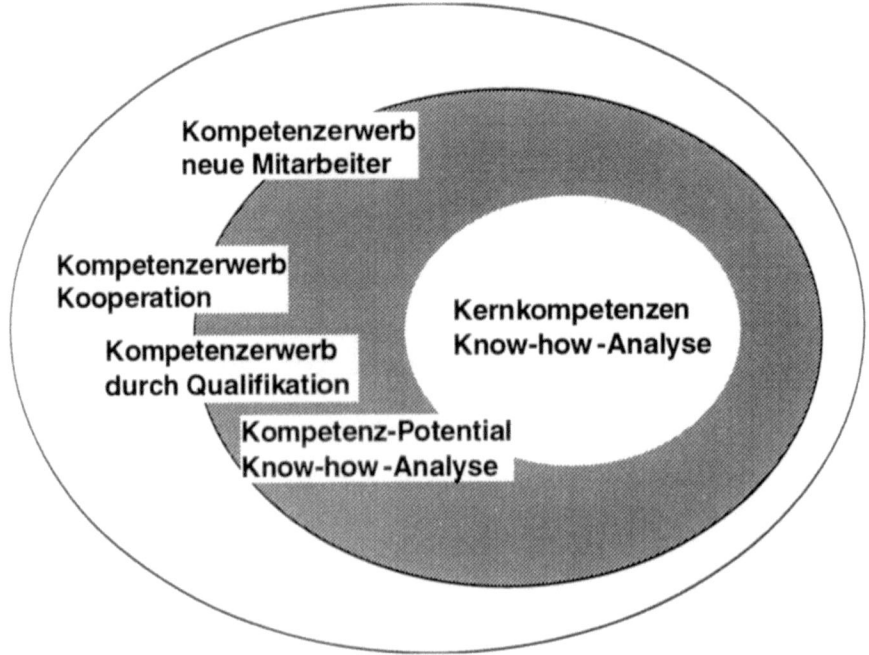

Auf der Basis dieser Auswertung wird dann das vorhandene Dienstleistungs-Potential der Mitarbeiter bewertbar. Ausgehend von geplanten Dienstleistungs-Konzepten kann dann über den weiteren Ausbau des Dienstleistungs-Potentials und die Art des Kompetenz-Erwerbs entschieden werden.

5.3.3 Kundenbedarf

5.3.3.1 Suchfelder für branchentypische Dienstleistungspotentiale

Benennen Sie mit Hilfe Ihrer Kunden und Mitarbeiter die für Ihre Branche typischen Basisprozesse als Tätigkeiten. Fassen Sie diese Basisprozesse nicht zu eng. Das entstandene Suchfeld kann dann als Grundlage für eine Kundenbefragung dienen.

Beispiel: **Suchfeld für Dienstleistungen im Gebäudereiniger-Handwerk**

Die traditionellen Leistungsbündel entstanden aus den Basisprozessen Reinigen, Pflegen und erhalten. Möglicherweise werden im Bereich des Facility-Managements für die Basisprozesse „Verwalten" oder für haushaltsnahe Basisprozesse wie „Versorgen" und „Sichern" neue Leistungsbündel entstehen.

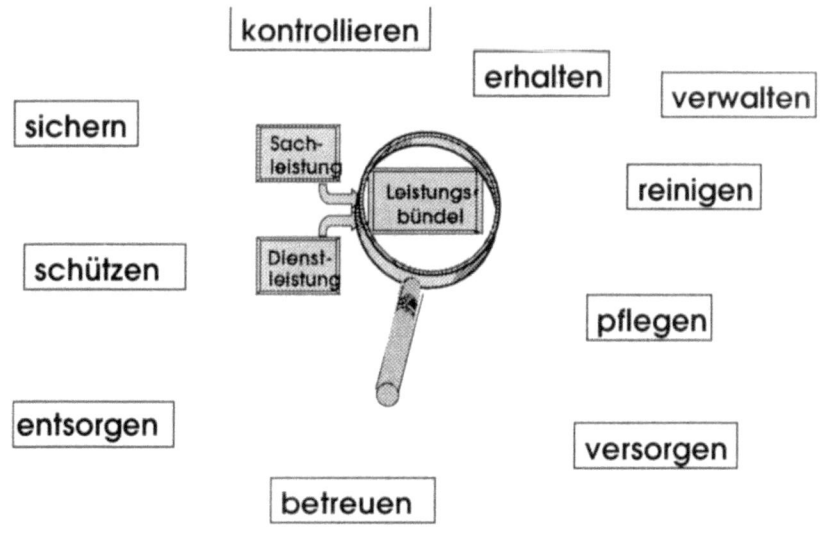

Beispiel: **Suchfeld für Dienstleistungen in der Entsorgungsbranche**

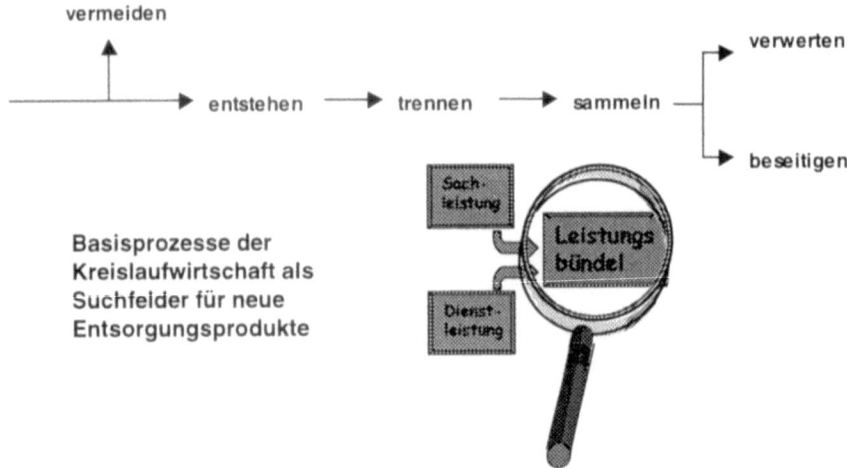

In der Entsorgungsbranche werden die Suchfelder für neue Dienstleistungen durch die gesetzlichen Vorschriften bestimmt (z.B Kreislaufwirtschaftsgesetz). So entstehen lukrative Dienstleistungen im Bereich des Stoffstrommangements oder der Kooperation bei komplexen Entsorgungsaufgaben.

Beispiel: **Suchfeld für Dienstleistungen im Heizungsbauer-Handwerk**

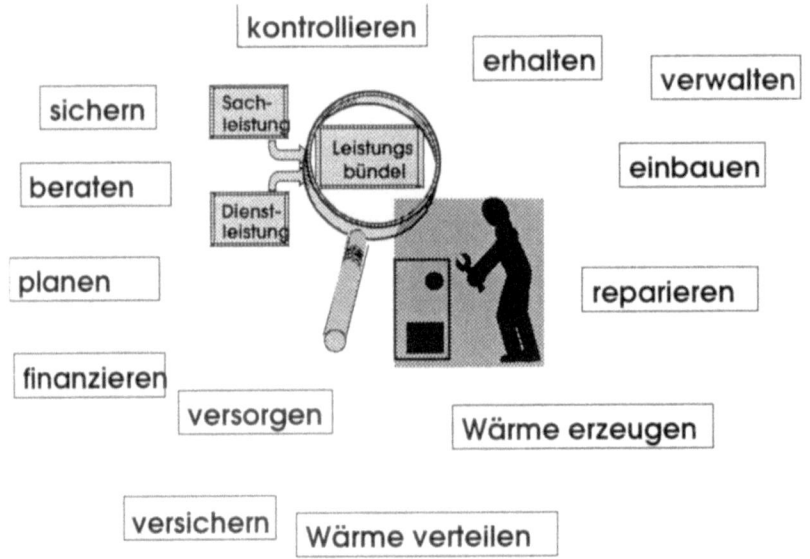

Die traditionellen Leistungsbündel entstanden aus den Basisprozessen Einbauen und Reparieren. Inzwischen gibt es erste Beispiele im Markt für neue Leistungsbündel aus den Basisprozessen Wärme erzeugen und verteilen.

5.3.3.2 Ermittlung des Kundenbedarfs durch Analyse der A-Kunden

Ausgangspunkt sind auch hier die erbrachten Dienstleistungen und die berechneten Dienstleistungen. Eine solche Analyse sollte mit den Mitarbeitern und ausgewählten Kunden erfolgen.

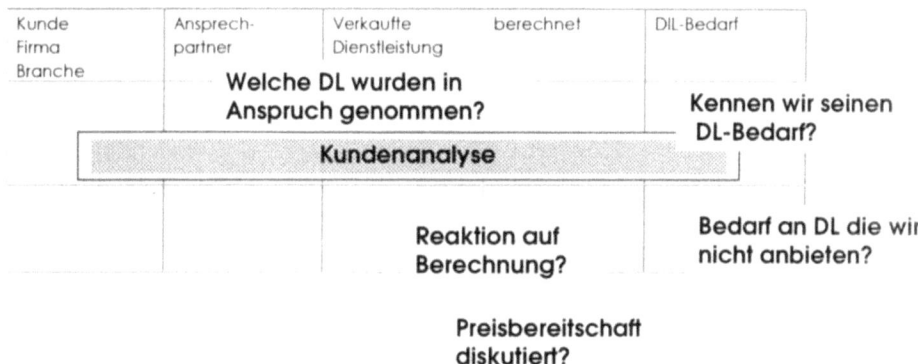

Quelle: PMI

Oft wissen die Mitarbeiter sehr gut über den Dienstleistungsbedarf der Kunden bescheid. Wichtig ist auch die Reaktion der Kunden auf die Berechnung von Dienstleistungen. Hier ist zu berücksichtigen, daß es für unterschiedliche Branchen oder unterschiedliche Gewerke spezifische Preisbereitschaft für Dienstleistungen gibt. Es ist deshalb für die Auswertung der erbrachten und berechneten Dienstleistungen wichtig, diese Merkmale einzubeziehen.

Für die Preisbereitschaft der Kunden ist es wichtig, daß der Dienstleistungsbedarf vom Kunden gesehen wird und der Nutzen eines bedarfsgerechten Dienstleistungsangebots „geldwert" mit dem Kunden besprochen und entwickelt wird.

Eine Befragung nach dem Motto: „Wäre es gut, wenn wir auch noch diese Dienstleistung anbieten?" ohne die Preisbereitschaft des Kunden zu ermitteln, kann nicht die Basis für verkaufbare Dienstleistungen sein.

5.3.3.3 Ermittlung von Bedürfnissen und Erwartungen der Kunden

Ziel der Befragung ist es, die **Bedürfnisse** und **Erwartungen** der Kunden für das Leistungsbündel zu ermitteln.

- **Bedürfnisse sind unabdingbare Produkteigenschaften die erbracht werden müssen,** ein Verstoß gegen die Kundenforderungen führt in der Regel zur Ablehnung des gesamten Produktes (Leistungsbündels)

Beispiel: Auswahl einer Fluglinie.
Sicherheit ist ein Bedürfnis. Ein Verstoß führt zu einer Ablehnung der Dienstleistung.

- **Erwartungen sind Produkteigenschaften die erbracht werden sollten.** Ein Verstoß gegen eine Erwartung kann zur Unzufriedenheit führen.

Beispiel: Auswahl einer Fluglinie.
Kurze Wartezeit bei der Abfertigung ist eine Erwartung. Ein Verstoß führt zur Unzufriedenheit aber nicht zu einer Ablehnung der Dienstleistung.

- **Ergebnis**   Die Aussage bezieht sich auf das Ergebnis des Leistungsbündels

- **Prozeß**   Die Aussage betrifft den vom Kunden wahrnehmbaren Erbringungsprozeß

- **Potential**   Die Aussage betrifft ein vorhandenes oder zu realisierendes Potential

Beispiel: **Befragung von Kunden des Heizungsbauer-Handwerks**

Ergebnisse aus der Befragung der Endkunden

transparente Preisgestaltung	**Bedürfnis**	Ergebnis
konstant hohe DL-Qualität	**Erwartung**	Prozeß
kompetentes Personal	**Erwartung**	Potential
Sauberkeit bei der Arbeit	**Erwartung**	Prozeß
keine Beeinträchtigung des Heizungssystems	**Bedürfnis**	Ergebnis
vertrauenerweckender Mitarbeiter	**Bedürfnis**	Potential
Termintreue	**Erwartung**	Prozeß

5.3.4 Bewertung von Sach- und Dienstleistungsanteilen

Vorgehensweise zur Bewertung der Sach- und Dienstleistungsanteile

Vom „nur" Produkt oder „nur" Dienstleistung zum
Produkt = Leistungsbündel

In Leistungsbündeln mit hohen Sachanteilen ist die *Gestaltung der Dienstleistungsanteile* wichtig für die Entwicklung der Preisbereitschaft der Kunden.
Dienstleistungsanteile sind keine kostenlosen „Beigaben".

In Leistungsbündeln mit hohen Dienstleistungsanteilen unterstützt und visualisiert die *Gestaltung der Sachanteile* den Nutzen der Dienstleistung und ist damit ein wichtiger Erfolgsfaktor.

Der immaterielle Dienstleistungsanteil wird durch die Gestaltung der Sachanteile für den Konsumenten faßbar.

Die Auswahl und Bewertung der Sachanteile und Dienstleistungsanteile ist die Vorbereitung für die Entwicklung des Produktmodells.

Anteil Sachleistung	Bewertung	Anteil Dienstleistung	Bewertung
Erfassung der Sachanteile ist in der Regel kein Problem. Die Sachanteile sind gut dokumentiert.	Die Bewertung der Sachleistung berücksichtigt z.B ihren Einfluß auf den Nutzen des Leistungsbündels.	Die Erfassung der Dienstleistungsanteile des Leistungsbündels sollten gemeinsam mit den Mitarbeitern geschehen. Dies kann zu einem Aha-Erlebnis für alle Beteiligten werden.	Die Bewertung der Dienstleistungsanteile berücksichtigt z.B die Dienstleistungsaufführung

5.3.5 Vorgehensweise zur Entwicklung des Produktmodells

Eine hilfreiche Aufgabe bei der Erstellung des Produktmodells ist die sinnvolle, den Nutzen definierende Benennung des Leistungsbündels.

Die Auswahl der Sachleistungs-Anteile und Dienstleistungs-Anteile sollte sich auf die für den Erfolg des Produktes (Leistungsbündel) wichtigen Elemente beschränken.

Den Dienstleistungsanteil beschreiben wir über das Ergebnis, den Prozeß oder das Potential.

Wir frieren in diesem Modell die Dienstleistungsanteile, die ja in der Umsetzung als Prozeß ablaufen, in einem „Standfoto" ein.

Beispiel: **Autohändler**

(A) Wählen Sie ein wichtiges Produkt Ihres Unternehmens aus.

Wenn Sie PKWs verkaufen, versuchen Sie Ihr Produkt als Leistungsbündel darzustellen. Formulieren Sie das Leistungsbündel über den Nutzen: „Wir verkaufen umweltschonende Mobilität, Sicherheit, Zuverlässigkeit und Prestige."

(B) Bestimmen Sie nun Sachanteile und Dienstleistungsanteile:

Produkt = Leistungsbündel = nicht PKW sondern: umweltschonende Mobilität, Sicherheit, Zuverlässigkeit und Prestige	
Sachanteil	**Dienstleistungsanteil**
PKW	Kundenorientierte Beratung
Umweltschonende, sparsame, Technik	Informative Angebote
Zweckmäßige geräumige Innenraumgestaltung	Kompetentes und kommunikatives Fachpersonal
Übersichtliche Armaturen und Bedienelemente	Nachvollziehbare Service-Preise
	Alternative Angebote: Mieten statt Kaufen
	Wartesituationen bewußt gestaltet
	Abläufe auch aus Kundensicht gestaltet
	Service rund ums Auto

(C) Bewerten Sie Sachanteil und Dienstleistungsanteil

- aus der Sicht des Kunden
- aus der Sicht Ihres Wettbewerbs
- aus der Sicht Ihrer Mitarbeiter
- aus der Sicht Ihres Controllers

Beispiel Heizungsbauer

(A) Wählen Sie ein wichtiges Produkt Ihres Unternehmens aus.

Wenn Sie Wartungen verkaufen, versuchen Sie Ihr Produkt als Leistungsbündel darzustellen. Formulieren Sie das Leistungsbündel als werbewirksame Aussage: „Wir verbessern den Wirkungsgrad Ihrer Heizung und erhalten den Wert der Anlage."

(B) Bestimmen Sie nun Sachanteile und Dienstleistungsanteile:

Hier dargestellt in einem Produktmodell

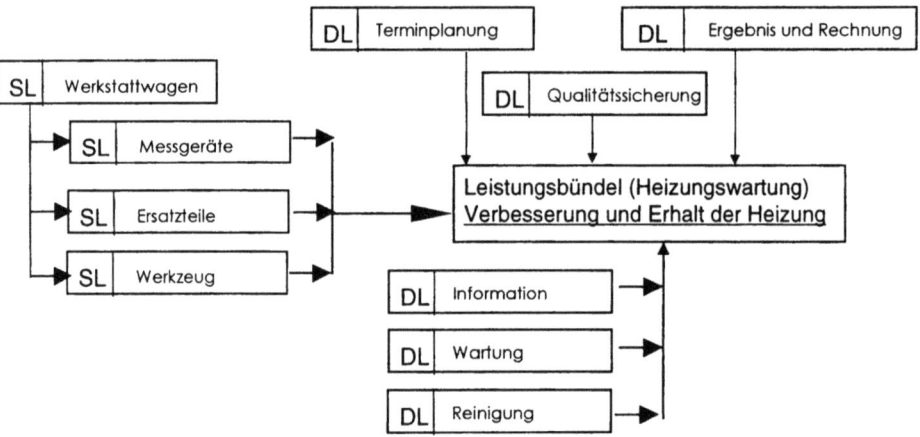

(C)   Bewerten Sie Sachanteil und Dienstleistungsanteil

- aus der Sicht des Kunden
- aus der Sicht Ihrer Mitarbeiter
- aus der Sicht Ihres Wettbewerbs

5.3.6 Darstellung des Dienstleistungs-Prozesses mit Hilfe des Blue-Printing

Blueprinting bezeichnet ein Instrument für die Planung und Kontrolle von Dienstleistungsprozessen durch die Darstellung des Prozesses aus der Sicht des Kunden und des Anbieters. In der Beratung wurde der Prozeß von Mitarbeitern und Testkunden gedanklich durchgespielt. Die ermittelten Kontaktpunkte werden in zeitlicher Reihenfolge horizontal abgebildet und ergeben den **Kundenpfad**.

Dieser Kundenpfad wird durch die Darstellung unternehmensinterner Prozesse (Back-office-Tätigkeiten) erweitert und an den Kontaktpunkten mit dem Kundenpfad zusammentreffen.

Die Sichtbarkeitslinie trennt die Prozesse, die der Kunde wahrnimmt von den Prozessen, die der Kunde aber nicht wahrnimmt.

Diese Modellierung erlaubt es, die vom Kunden wahrgenommenen Prozesse genauer zu analysieren und entsprechend zu gestalten.

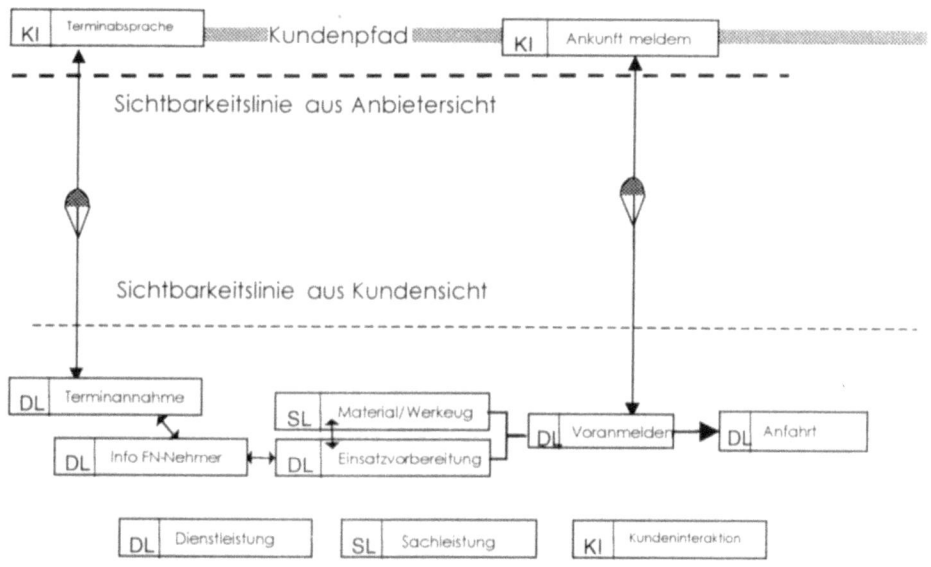

Kundenpfad: chronologische Reihenfolge der Kundenkontakte

Nutzen des Blueprinting

- Visualisierung der Prozeßschritte
- Planen der Prozeßschritte
- Einordnen der Mitarbeiter in den Prozeß
- Schwachstellenanalyse

5.3.7 Service-Standards in Prozeßketten

Es besteht nun die Möglichkeit, aus dem Blue-Print einzelne für die Kundenkommunikation besonders wichtige Prozeßketten zu betrachten und hier z.B. für bestimmte Problemfelder Qualitätsmerkmale zu erkennen und Service-Standards zu definieren.

Beispiel: **Prozeßkette im Friseursalon**

Leistungsdesign mit Hilfe der Prozeßkette

Kontaktaufnahme → Termin-Wunsch → Besuch im Salon → Beratung →

Problemfeld

Leitung besetzt — **Fehler aus Kundensicht**

Qualitätsmerkmal

Freundlichkeit
Erreichbarkeit — **Qualität aus Kundensicht**

Standards

Telefon
2x läuten — **Festlegung für Personal**

Quelle: Meyer/Blümelhuber

6 *Beispiel:* Einführung einer neuen handwerksnahen Dienstleistung am Beispiel der Hi-Clean AG

In fast allen Heizungsanlagen wird als Transportmedium für die Wärme normales Leitungswasser verwendet. Dieses Wasser wird permanent im Kreislauf umgewälzt. Aufgrund verschiedener Ursachen (z.B. Korrosion, Algen) verschmutzt dieses Kreislaufwasser sehr stark. Die Verschmutzung ist eine der häufigsten Ursachen für Störungen am Heizungssystem wie z.B. Lagerdefekte an der Umwälzpumpe, defekte Ventile und Thermostate oder festsitzende Mischer. Darüber hinaus kann der abgelagerte Schmutz den Wirkungsgrad der Heizung deutlich reduzieren, und die Lebensdauer von Kessel und Heizkörpern sinkt.

Für diesen Einsatzbereich wurde ein mobiles Gerät entwickelt, mit dessen Hilfe die Verschmutzungen im Heizungskreislaufwasser vollständig entfernt werden können.

Die Beseitigung der Ursache von Belagbildung, Verstopfungen und Funktionsausfällen führt gleichzeitig zu mehreren erwünschten, positiven Effekten:

- Wirkungsgradverbesserung und Energieeinsparung

- Vermeidung von Reparaturen und Kosten bei den Funktionsteilen der Heizung

- Lebensdauerverlängerung

- Werterhaltung des Heizkessels der Anlage

- Reduzierung von Emissionen

- Umweltentlastung

Durch das Prinzip der Nebenstrom-(By-Pass)-Filtration bleibt die Funktion der Heizung während der Reinigung voll erhalten. D.h. es entstehen für den Kunden keine Unannehmlichkeiten und Komfortbeeinträchtigungen.

Das bisher für die Problematik des verschmutzten Kreislaufwassers wenig sensibilisierte Verbraucherbewußtsein wird durch zwei Gründe geweckt werden:

1. Durch die Gesetzgebung sind Maßnahmen zur Energieeinsparung und zum Emissionsschutz erlassen worden. So muß z.B. der Wirkungsgrad von Heizungsanlagen jährlich überprüft werden.

2. Das Kostenbewußtsein der Verbraucher ist durch die allgemeine Wirtschaftslage sensibilisiert worden.

Die Praxis hat gezeigt, daß der Verbraucher schnell erkennt, daß die Einsparungen durch den verbesserten Wirkungsgrad (weniger Reparaturen und längere Lebensdauer) erheblich höher sind als die Kosten für die Dienstleistung.

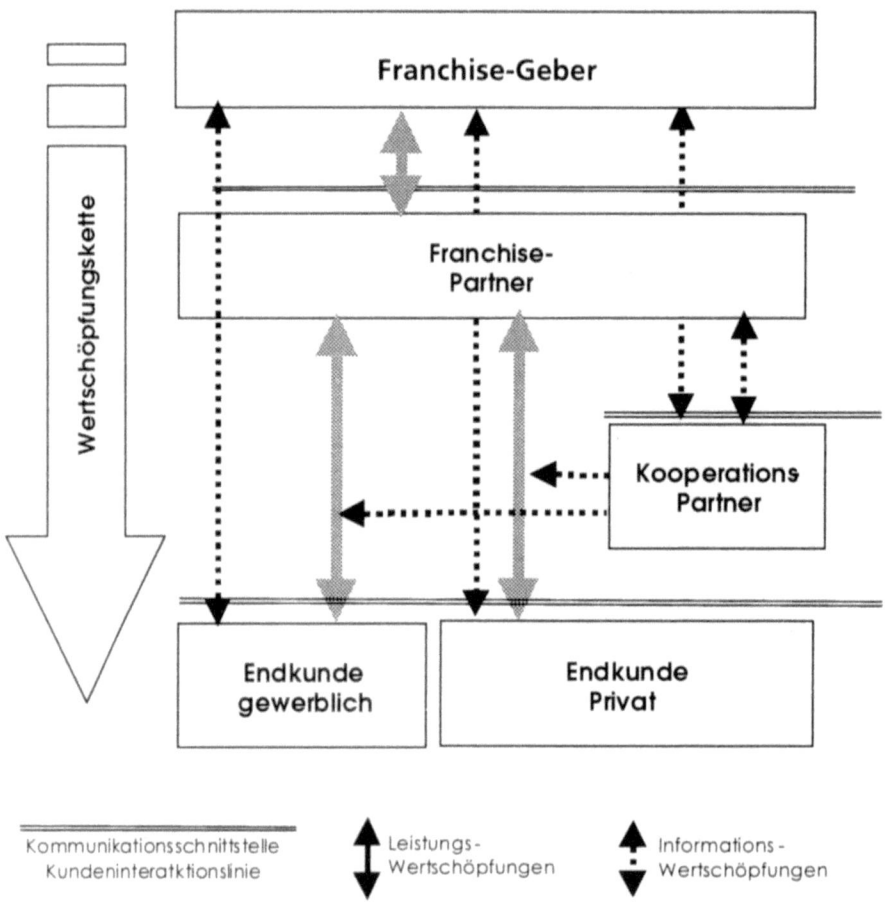

Erläuterung:

Leistungswertschöpfung durch die
Erbringung der Dienstleistung bei den Endkunden
Erbringung der Franchise-Partner-Betreuung

Informationswertschöpfung durch die
Akzeptanz bei den lokalen Heizungsbau-Unternehmen (Kooperations-partner)
Bereitstellung von Kundenlisten durch die Kooperationspartner

Phasenmodell für die parallele Entwicklung der Leistungsbündel

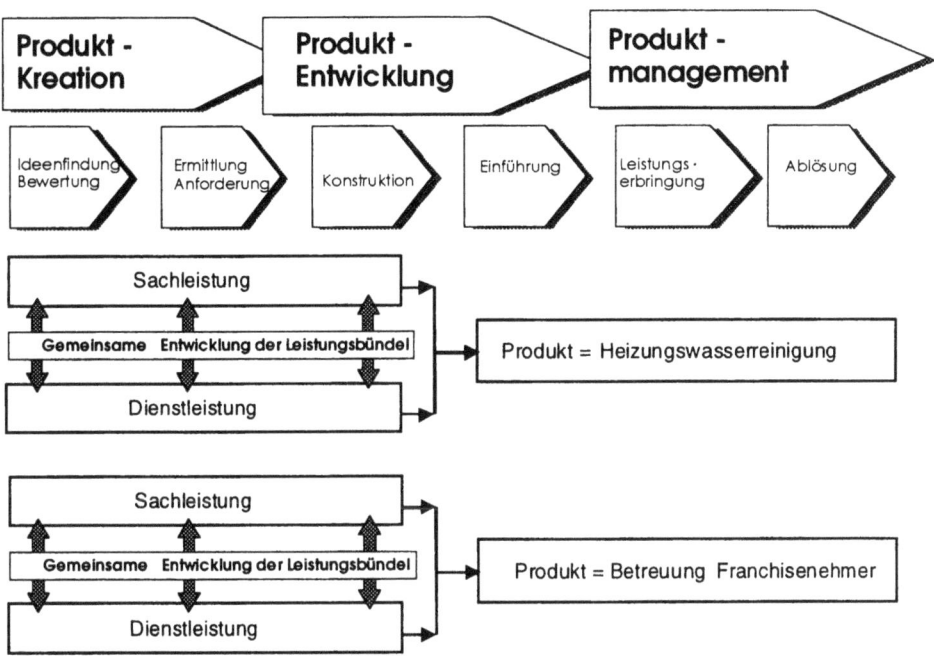

6.1 Produkt Heizungswasserreinigung

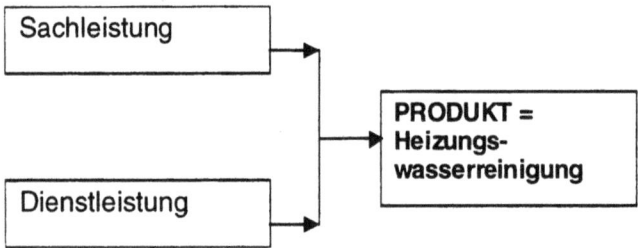

Mit Methoden des Dienstleistungs-Engineering wurden:

- im Produkt (Leistungsbündel) Heizungswasserreinigung relevante Sachanteile und Dienstleistungsanteile differenziert,

- exemplarische Dienstleistungsanteile des Produktes (Leistungsbündels) Heizungswasserreinigung systematisch entwickelt,

- die Markteinführung des neuen Produktes optimiert

6.2 Produkt Franchise-Partnerbetreuung

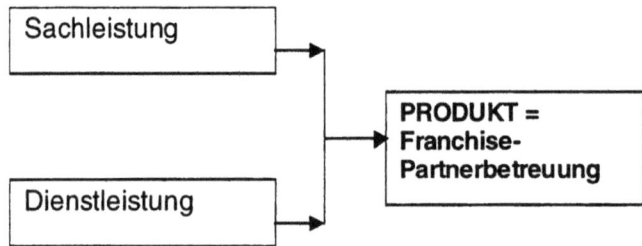

Mit Methoden des Dienstleistungsengineering wurden:

- im Produkt (Leistungsbündel) Franchise-Partner Betreuung relevante Sachanteile und Dienstleistungsanteile differenziert

- Vorplanung der Produkte und Erbringungsprozesse

- Prototyping der Produkte

- exemplarische Dienstleistungsanteile des Produktes (Leistungsbündels) Franchise-Partner Betreuung systematisch entwickelt

- Verbesserung der Planungssicherheit

- mit der Beratung sollen den Mitarbeitern Grundbegriffe und Basismethoden zur systematischen Dienstleistungsentwicklung vermittelt werden, die es den Wertschöpfungspartnern ermöglichen, diese Methoden in Zukunft selbst anzuwenden und die Produkte und Prozesse kontinuierlich zu verbessern.

- Erhöhung der Preisbereitschaft durch die Einbindung der Franchise-Partner in die Produktentwicklung und Gestaltung der Erbringungsprozesse

- Kostentransparenz und Kostenoptimierung in der Prozeßkette - z.B. Training der Franchise-Partner, Gebietsoptimierungen und Optimierung der Geschäftsprozesse zwischen Hersteller, Franchise-Partner und Endkunden

- Erhöhung der Entwicklungssicherheit der Franchise-Gebiete durch bewußte Entwicklung der Kooperationssysteme

6.3 Zuordnung des Leistungsbündels

Neben der ergebnisorientierten Betrachtung des Produktes Heizungswasserreinigung, welche die Anteile der Sachleistung und der Dienstleistung beleuchtet, ist es sinnvoll, die Kundenbeteiligung in die betrieblichen Prozesse während der Erbringung der Leistung zu bewerten.

Auf der senkrechten Achse wird die Einbindung des Kunden bewertet. Auf der waagerechten Achse werden die Anteile Sachleistung (materiell) und Dienstleistung (immateriell) erfaßt. Dann werden aus dem Produktbereich (Leistungsbündelbereich) Heizungswasserrreinigung Produkte (Leistungsbündel) aus dem Umfeld ausgewählt.

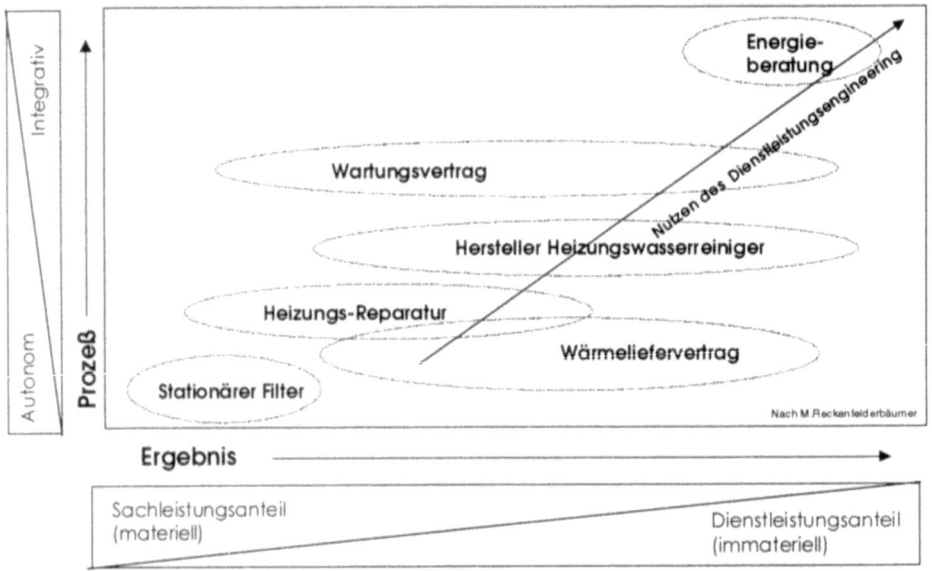

Das Ergebnis der Zuordnung des Leistungsbündels zeigt nun:

- wo sich das neue Produkt Heizungswasserreinigung gegenüber vorhandenen Produkten (Leistungsbündeln) plaziert,

- welche Erweiterungspotentiale im Produkt Heizungswasserreinigung stecken oder welche zusätzlichen Produkte (Leistungsbündel) gestaltet werden können,

- welche Produkte (Leistungsbündel) mit Methoden des Dienstleistungs-Engineering gestaltet werden sollten.

6.4   Befragung von Kunden und Mitarbeitern

Die Abfrage erfolgt in einer Doppelskala

Die Eigenschaften werden auf einer von
(1) lehne ich vollkommen ab — bis — (7) stimme ich vollkommen zu
unterteilten Skala abgefragt.

Hervorragende Dienstleistungsanbieter haben Mitarbeiter,
die sich den Kunden persönlich widmen.   1 2 3 4 5 6 7

Die Mitarbeiter der Herstellerfirma widmen sich
den Kunden persönlich.   1 2 3 4 5 6 7

Die Differenz zeigt den Unterschied zwischen erwarteter und erfahrener Dienstleistungsqualität.

Annehmlichkeit des tangiblen Umfeldes („tangibles")
- Zu hervorragenden Dienstleistungsanbietern gehört eine moderne technische Ausstattung.
- Die Einrichtung eines Dienstleistungsanbieters sollte angenehm ins Auge fallen.
- Die Mitarbeiter eines Dienstleistungsanbieters sollten ansprechend gekleidet sein.
- Dienstleistungsanbieter sollten ihre Broschüren und Mitteilungen für die Kunden ansprechend gestalten.

Zuverlässigkeit („reliability")
Hervorragende Dienstleistungsanbieter:
- halten versprochene Termine ein.
- sollten den Service gleich beim ersten Mal richtig ausführen.
- sollten ihre Dienste zum versprochenen Zeitpunkt ausführen.
- sollten fehlerfreie Belege für die Kunden besitzen.

Reagibilität („responsiveness")
- Mitarbeiter hervorragender Dienstleistungsanbieter können über den Zeitpunkt einer Leistungsausführung Auskunft geben.
- Mitarbeiter eines hervorragenden Dienstleistungsanbieters werden ihre Kunden prompt bedienen.
- Hervorragende Dienstleistungsanbieter sind stets bereit, ihren Kunden zu helfen.
- Bei hervorragenden Dienstleistungsanbietern sind die Mitarbeiter nie zu beschäftigt, um auf Kundenanliegen einzugehen.

Leistungskompetenz („assurance")
- Bei hervorragenden Dienstleistungsanbietern weckt das Verhalten der Mitarbeiter Vertrauen bei den Kunden.
- Bei Transaktionen mit hervorragenden Dienstleistungsanbietern fühlt man sich sicher.

- Mitarbeiter eines hervorragenden Dienstleistungsanbieters sind stets *gleichbleibend höflich* zu den Kunden.
- Mitarbeiter hervorragender Dienstleistungsanbieter verfügen über das *Fachwissen* zur Beantwortung von Kundenfragen.

Einfühlungsvermögen („empathy)
- Hervorragende Dienstleistungsanbieter widmen jedem ihrer Kunden *individuell* ihre Aufmerksamkeit.
- Hervorragende Dienstleistungsanbieter bieten ihre Dienste zu *Zeiten* an, die den Kunden gerecht werden.
- Hervorragende Dienstleistungsanbieter haben Mitarbeiter, die sich den Kunden *persönlich* widmen.
- Hervorragenden Dienstleistungsanbietern liegen die *Interessen der Kunden* am Herzen.
- Die Mitarbeiter hervorragender Dienstleistungsanbieter *verstehen die spezifischen Servicebedürfnisse* ihrer Kunden.

Vorgehensweise

Ziel der Befragung war es, die *Bedürfnisse* und *Erwartungen* der Kunden für das Leistungsbündel zu ermitteln.

Bedürfnisse sind unabdingbare Produkteigenschaften, die erbracht werden müssen!
Erwartungen sind Produkteigenschaften, die erfüllt werden sollten.

Ergebnisse aus der Befragung der Endkunden

transparente Preisgestaltung	**Bedürfnis**	Ergebnis
konstant hohe DL-Qualität	**Erwartung**	Prozeß
Kompetentes Personal	**Erwartung**	Potential
Sauberkeit bei der Arbeit	**Erwartung**	Prozeß
Keine Beeinträchtigung des Heizungssystems	**Bedürfnis**	Ergebnis
Vertrauensbildender Mitarbeiter	**Bedürfnis**	Potential
Termintreue	**Erwartung**	Prozeß

Ergebnisse aus der Befragung der Franchise-Partner

Faire Partnerschaft	**Bedürfnis**	Ergebnis
Klare verständliche Regeln und Verträge	**Erwartung**	Ergebnis
Ertragsicheres Gebiet	**Bedürfnis**	Ergebnis
Konkrete Starthilfe bei der Akquisition	**Bedürfnis**	Potential
Kompetentes und kommunikatives Personal	**Erwartung**	Prozeß
Angemessene Anlaufphase	**Erwartung**	Potential
Planungshilfe	**Erwartung**	Prozeß

6.5 Bewertung der Sach- und Dienstleistungsanteile

Vorgehensweise zur Bewertung der Sach- und Dienstleistungsanteile

Vom „nur" Produkt oder „nur" Dienstleistung zum Produkt = Leistungsbündel

In Leistungsbündeln mit hohen Sachanteilen ist die Gestaltung der Dienstleistungsanteile wichtig für die Entwicklung der Preisbereitschaft bei den Kunden.
Dienstleistungsanteile sind keine kostenlosen „Beigaben".

In Leistungsbündeln mit hohen Dienstleistungsanteilen ist die Gestaltung der Sachanteile eine erste Möglichkeit, den Erfolg der Dienstleistung zu unterstützen und zu dokumentieren. Der immaterielle Dienstleistungsanteil wird durch die Gestaltung der Sachanteile für den Konsumenten faßbar.

Die Auswahl und Bewertung der Sachanteile und Dienstleistungsanteile ist die Vorbereitung für die Entwicklung des Produktmodells.

In unserem Beispiel waren die Sachanteile der Heizungswasserreinigung in technischen Handbüchern ausführlich erarbeitet und dokumentiert sowie unter dem Gesichtspunkt der Corporate-Identity in Farbe und Erscheinungsbild für Kleidung, Fahrzeug und Printmedien gestaltet.

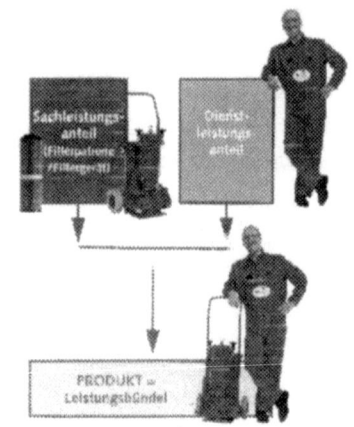

Anteil Sachleistung	Bewertung	Anteil Dienstleistung	Bewertung
Mobiles Filtergerät mit Pumpe	Wesentlicher Sachanteil: Aussehen und Funktion wichtig für die *Inszenierung* des Produktes	Transport ins Haus und Anschluß Information über das was getan wird. • Neue Filterkerze zeigen. • Funktion des Filters erklären und • Information über: Erreichbarkeit Demontage Reinigung des Arbeitsplatzes	„Eindringen in das private Umfeld" Auftreten des FN-Nehmers Freundlichkeit Kommunikation Kleidung Sauberkeit Einbindung des Kunden / der Kundin
Einmalfilter	wird nach der Reinigung entsorgt nach der Reinigung • neben einer vorher/nachher Wasserprobe der *augenscheinliche Beweis* für den Reinigungseffekt.	Abschluß-Information gebrauchte Filterkerze zeigen Anbringen der Infoplakette	Wesentliche Dienstleistungsanteile für die *Inszenierung* des Produktes Unterstützung der Rechtfertigung (warum habe ich das machen lassen?)

Erst in diesem Schritt wurden, gemeinsam mit den Außendienstmitarbeitern von Technik und Vertrieb, Sachleistungen und Dienstleistungen unterschieden und in ihrer Bedeutung für den Erfolg bewertet.

Bewertung der Sach- und Dienstleistungsanteile für die Franchise-Partner

Anteil Sachleistung	Bewertung	Anteil Dienstleistung	Bewertung und Einflußfaktoren
technische Grundausstattung **Filter** **Werkzeug**	technisch optimiert für den mobilen Einsatz gestaltet der Hardwareteil, der die Dienstleistung am meisten repräsentiert	**Gebietsmanagement**	Auswahl eines ertragsichernden Gebietes Unterstützung beim Aufbau des Netzwerkes mit den Kooperationspartnern
Handbücher	Informativ und motivierend gestaltet mit gutem Troubleshooting-Teil CI vermittelnd	**Training**	Training on the Job in einem Eigengebiet des Franchise-Gebers Individuelle Defizite für die Erfüllung der „Rollen" erkennen und durch Training ausgleichen
Präsentationsmappe	Hilfestellung für den Franchise-Partner im Gespräch mit Kooperationspartnern und Kunden	**Kooperationen**	Unterstützung beim Aufbau der Kooperation durch den Coach des Franchise-Partners vor Ort Gute Kooperationen sind erfolgsbestimmend.
		Management des Tagesgeschäfts	Ausrichtung auf die Bedürfnisse des Franchise-Partners. FP ist Kunde der FG Organisation. Auf den Prozeß ausgerichtetes Krisenmanagement.

Erst in diesem Schritt wurden, gemeinsam mit zwei Franchise-Partnern, Außendienst- und Innendienstmitarbeitern von Technik und Vertrieb, die Sachleistungen und Dienstleistungen unter dem Aspekt des System-Know-hows bewertet.

Die Ergebnisse hatten direkt Einfluß auf die Gestaltung des Systemhandbuchs.

6.6 Produktmodell aus Sach- und Dienstleistungsanteilen

Produktmodell - Leistungsbündel - Endkunden

In einem zweiten Schritt wurden gemeinsam mit den beteiligten Akteuren die wesentlichen Sachanteile und Dienstleistungsanteile des Leistungsbündels ermittelt und in einem Produktmodell dargestellt.

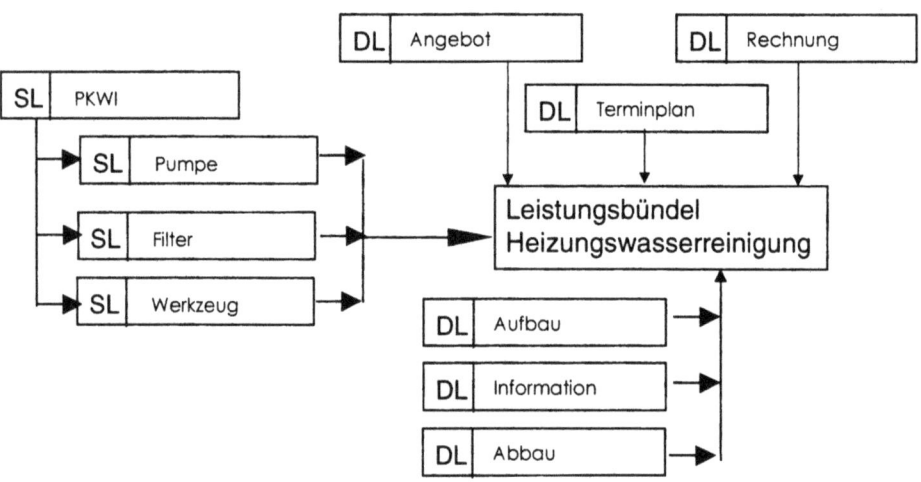

Produktmodell Heizungswasserreinigung

Wie bereits dargestellt, waren Sachanteile der Heizungswasserreinigung sehr ausführlich dokumentiert. Auch die Weiterentwicklung und „Produktverbesserung" orientiert sich an der Sachleistung. Im Beratungsprozeß wurde immer wieder mit den Beteiligten in den Projektbesprechungen versucht, den Sachanteil und Dienstleistungsanteil gleichzeitig zu sehen und den Dienstleistungsanteil zu beschreiben. Ein Ziel dabei war, den Beteiligten die mögliche Interaktion mit dem Kunden für den Dienstleistungsanteil als planbar und im voraus gestaltbar darzustellen.

Produktmodell für das Leistungsbündel für die Endkunden

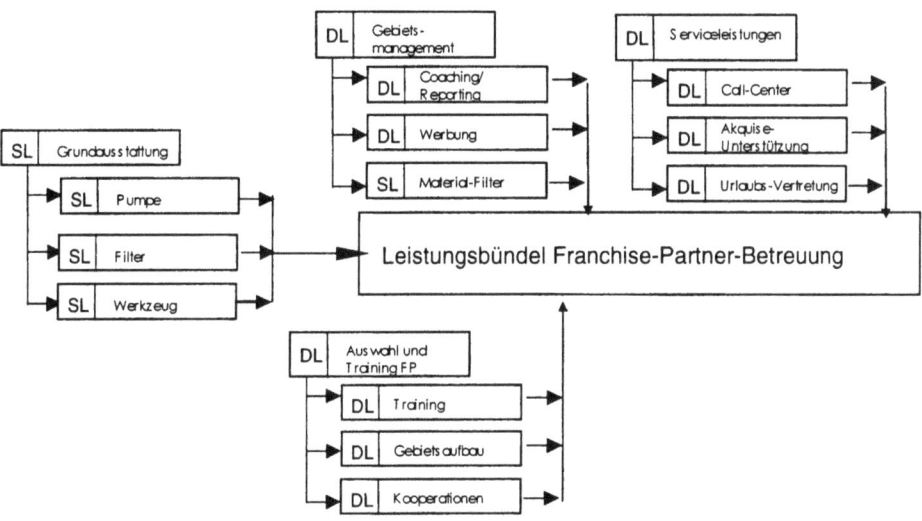

Den Dienstleistungsanteil beschreiben wir über das Ergebnis (z.B. Werbung) den Prozeß (z.B Gebietsaufbau) oder das Potential (z.B Call-Center)

6.7 Erstellen des Prozeßmodells mit Hilfe des Blueprinting

Der Sachanteil mit Pumpe war bereits „öffentlichkeitswirksam" gestaltet. Das zeigt sich auch in den Prospekten für die Heizungswasserreinigung, in denen das rot/blaue mobile Filtergerät neben einem rot/blau gekleideten Handwerker die Hauptrolle spielt.

Gute Werbeagenturen z.B haben bereits in der Vergangenheit für Produkte mit hohem Dienstleistungsanteil, zumindest in den Prospekten, eine Produktinszenierung vorgegeben. In der Praxis wurden diese Bemühungen aber oft von den „Technikern" nicht ernst genommen und in der Umsetzung vernachlässigt.

Für das Verständniss der **Produktinszenierung** in einem **Produktprototyping** ist es im nächsten Schritt wichtig, die bewerteten Sachanteile und Dienstleistungsanteile in einem **Prozeßmodell** sichtbar zu machen.

Prozeßmodell Heizungswasserreinigung

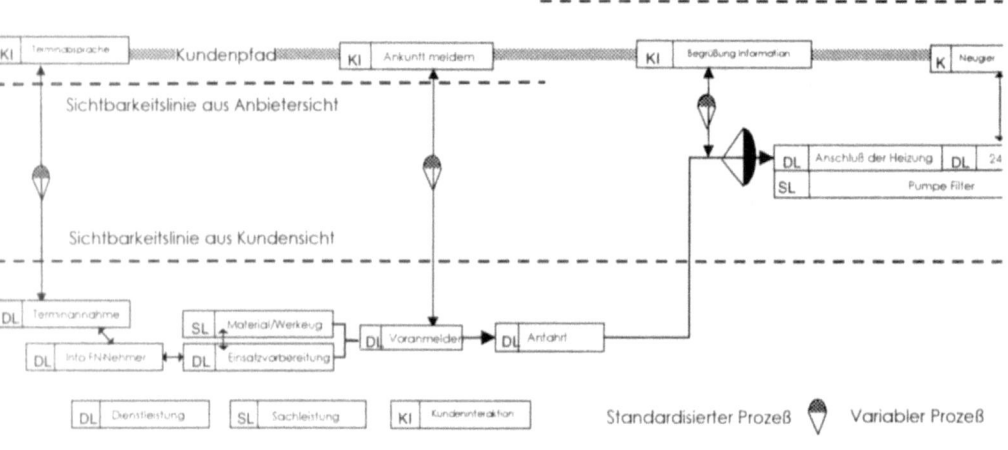

Kundenpfad: chronologische Reihenfolge der Kundenkontakte

6.8 Gestaltung der Mitarbeiter-Kundenkommunikation in den Prozeßschritten

Die in Prozeßmodellen ermittelten Kontaktpunkte und die Befragungsergebnisse wurden in einem Workshop gemeinsam mit den Mitarbeitern analysiert und ihre Gestaltungsmöglichkeiten besprochen.
Abweichend von der Darstellung im Blueprinting wurde eine bildlichere Darstellung gewählt.

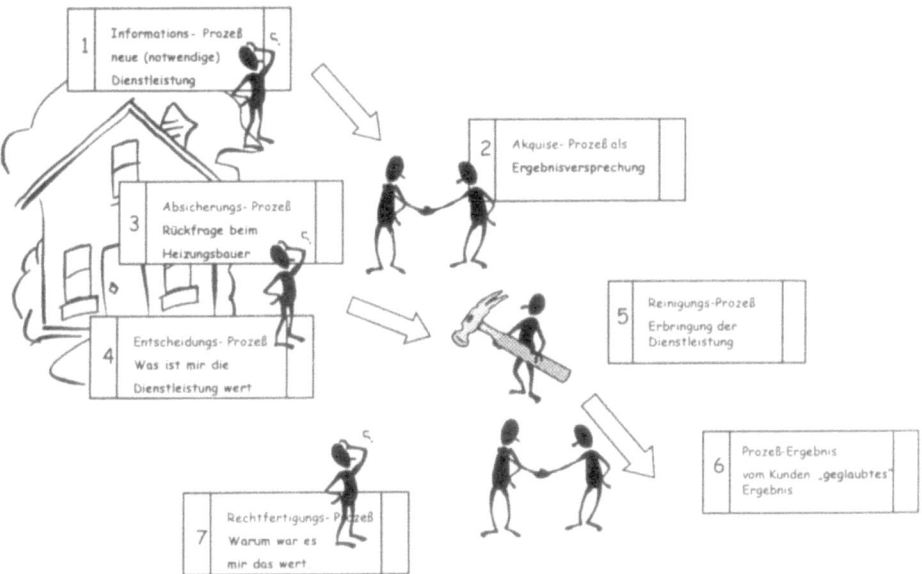

(1) Informations-Prozeß

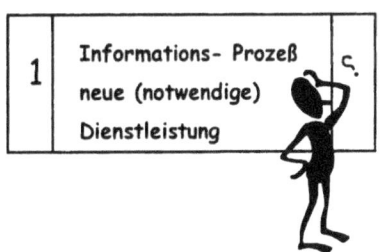

Es wird ein neues Produkt (Leistungsbündel) angeboten. Der Nutzen ist noch nicht allgemein bekannt, wie z.B für den Ölwechsel beim KFZ.

Kommentar:
Die Dienstleistungsanteile können nicht vorgeführt werden, ohne die Leistung zu erbringen. Daraus resultiert, daß lediglich Leistungsversprechen präsentiert werden können.

(2) Akquisitions-Prozeß: Angebot

Durch Hausbesuche wurde von Akqusiteuren die Heizungwasserreinigung vorgestellt.

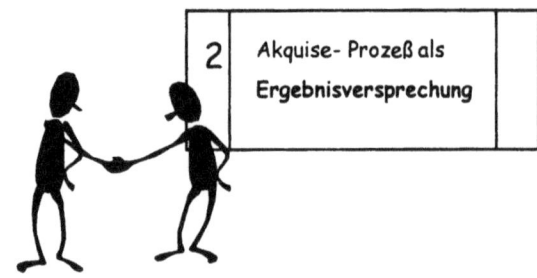

Kommentar:
Ein direkter Abschluß war allerdings selten, denn es konnte kein fertiges Produkt vorgeführt werden, sondern es wurde lediglich ein Leistungsversprechen präsentiert. Dieses neue Leistungsversprechen, die Reinigung des Heizungswassers, wurde von den Akquisiteuren in seinem Nutzen, an Hand von dokumentierten Untersuchungen und Plausibilitätsargumenten, dargestellt.

Die Kunden führten einen weiteren Prozeßschritt ein:

(3) Absicherungsprozeß: Anruf bei Heizungsbauer

Der Kunde rief „seinen" Heizungsbauer an und ließ sich beraten.

Kommentar:
Dieser entscheidende Prozeßschritt wurde in der Testphase von den Kunden eingeführt und vom Außendienst sofort als strategisch wichtig bewertet.

Die Analyse dieses Prozeßschrittes führte zur Gestaltung eines Kooperationssystems mit den regionalen Heizungsbauern.

(4) Entscheidungsprozeß: Was ist mir das Produkt (Leistungsbündel) wert?

Die Nutzwertargumentation für das <u>neue</u> Produkt Heizungswasserreinigung wurde vom Vertrieb und Produktmarketing mit Fakten hinterlegt.

Die vom Kunden im Informations- und Akquiseprozeß erlebte **Vertrauenseigenschaft** des Produktes Heizungswasserreinigung ist für die Kaufentscheidung von großer Bedeutung.
Bereits beim Informationsprozeß wurde von der Herstellerfirma darauf geachtet, kein Überredungsszenario aufzubauen, sondern geprüfte Fakten für sich spre-

| 4 | Entscheidungs-Prozeß
Was ist mir die
Dienstleistung wert |

chen zu lassen. Gerade weil man sich bewußt war, daß ein Leistungsversprechen verkauft werden muß, gilt dieses Qualitätsprinzip auch für das Akquisitionsgespräch und wird den Franchise-Nehmern nachhaltig vermittelt.

Erbringungsprozeß (5)

Termintreue und Auftreten des Franchise-Nehmers entscheiden über das Vertrauen des Kunden zum Leistungserbringer (und damit

auch zur Leistung). Die Faktoren: angemessene Information, Sauberkeit, Freundlichkeit und Gelassenheit gegenüber möglichen Komplikationen beim „Eindringen in die Privatsphäre des Kunden" müssen bewußt trainiert werden.

Abschlußinformation und Prozeßergebnis (6)

Die Möglichkeit sichtbare Ergebnisse des Reinigungsprozesses vorzuführen, wie Wasserprobe vorher und nachher und verschmutzte Einmalfilterpatrone werden angemessen eingesetzt.
Dabei darf diese Information nicht zu einer nachgeschalteten Rechtfertigung werden. Der Kunde hatte das Produkt Heizungswasserreinigung geordert, weil er davon überzeugt ist, daß es eine sinnvolle Investition ist.

Rechtfertigungsprozeß (7)

Der Kunde, der ein neues Produkt mit hohem Dienstleistungsanteil gekauft hat, kann jederzeit in eine Rechtfertigungssituation kommen.
Für diese Situation wurde von den Mitarbeitern der Firma folgende Lösung erarbeitet: Die wichtigsten Sachargumente für die Heizungswasserreinigung wurden

auf eine Folie gedruckt, die nach der Leistungserbringung an der Heizungsanlage angebracht wird. Auf dieser Folie ist auch von Hand der nächste sinnvolle Reinigungstermin und die Unterschrift und die vollständige Anschrift des Franchise-Nehmers eingetragen.

6.9   *Produktinszenierung* des Leistungsbündels

Bei einem Produkt mit einem hohen Dienstleistungsanteil kann dem Kunden der Sachanteil gezeigt werden (die Pumpeinrichtung mit Filter). Wird der zugehörige Dienstleistungsanteil vorgeführt, ist die Leistung erbracht. Für die Dienstleistung kann nur ein Leistungsversprechen abgeben werden.

Darum ist es wichtig, den Erbringungsprozeß des Produktes, also das zeitliche Zusammenspiel von Sachanteil, Dienstleistungsanteil und Interaktionen zwischen Kunde und Mitarbeiter (aus den in den Schritten 1-7 gefundenen Zusammenhängen) ein „Drehbuch" zu schreiben. An Hand dieses Drehbuchs ist es möglich, den Erbringungsprozeß wie ein Theaterstück zu inszenieren, die Rollen zu besetzen und mit den Akteuren einzuüben. Dabei haben die Sachanteile die Funktion der Requisiten.

Dies ist besonders wichtig, wenn die Kunden in den Erbringungsprozeß eingebunden werden. Das ist vor allem bei einem sachbezogenen (auf die Heizung bezogenen) Dienstleistungsanteil (wie der Heizungswasserreinigung) besonders der Fall, wenn der Dienstleistungsanteil in einem Privathaushalt erbracht wird. Das „Eindringen" in den privaten Bereich und die Kommunikation mit dem Kunden muß geübt werden.

6.10 Prototyping des Leistungsbündels Heizungswasserreinigung

Aus den Ergebnissen der Produktdarstellung mit den Sachanteilen und den Dienstleistungsanteilen, der Bewertung der Anteile in ihrer Bedeutung für die Produktinszenierung und der Darstellung der Prozeßabläufe in einem Blue Printing wurde ein erstes Konzept für eine Produktinszenierung in einem Prototyping erstellt.

Die Idee des Prototyping ist aus der Sachgüterproduktion z.B. der Automobilindustrie entlehnt. Ein Prototyp wird „handgearbeitet" produziert und Kunden vorgestellt. Bevor das Sachprodukt serienreif ist, kann es so mit überschaubaren Kosten hergestellt und getestet werden.
Für das Produkt (Leistungsbündel) Heizungswasserreinigung bedeutet dies, daß eine Heizungswasserreinigung unter Verwendung der Ergebnisse der Produkt- und Prozeßmodelldarstellung des Leistungsbündels bei ausgewählten Kunden mit begleitender Dokumentation stattfindet.

In Produkten (Leistungsbündel), die neben ausgeprägten Dienstleistungsanteilen deutliche Sachanteile enthalten, wird der Sachanteil ausführlich geplant und beschrieben, dazu kommen noch entsprechende Beschreibungen von Montagevorgängen und benötigten Werkzeugen und Hilfsmitteln. Vor diesem Erfahrungshintergrund wurden in den Workshops mit Mitarbeitern der Heizungsfirma immer wieder technische Details diskutiert. Die Aufmerksamkeit bei der Gestaltung des Dienstleistungsanteils sollte aber auf die für die Gestaltung der Dienstleistungsanteile wichtigen Schnittstellen zwischen Kunde und Heizungsbauer gerichtet sein: nämlich dem Prozeßblauf von Kundeninformation, Akquisition und Ausführung.

Das Prototyping der Heizungswasserreinigung ermöglichte eine erste Abschätzung von Risiken und Schwachstellen des Produktes bevor es auf den Markt kommt.

In einem Produktprototyping wird die Leistung bei einem Testkunden erbracht. Diese „Generalprobe" wird beobachtet und von den beteiligten Mitarbeitern und dem Kunden bewertet. Die Erfahrungen aus diesem Prototyping wurden analysiert und umgesetzt. Neben der technischen Verbesserung der Abläufe wurde vor allem die Kundenkommunikation gestaltet. Diese Optimierungsarbeit wurde in Workshops z. T mit Testkunden durchgeführt.

7 *Beispiel: Entwicklung von Dienstleistungen in mittelständischen Unternehmen der Entsorgungsbranche*

Die mittelständischen Unternehmen der deutschen Entsorgungs- und Recyclingbranche, mit einem bisher eher geringen Dienstleistungsanteil, müssen zunehmend komplexere Kundenbedürfnisse befriedigen und ihr Angebot um zusätzliche Dienstleistungen erweitern. Im Gegensatz zum herkömmlichen Entsorgungs- und Recyclinggeschäft bieten eigenständige Dienstleistungen ein zunehmend größeres Wettbewerbspotential; weil diese Dienstleistungen fast ausschließlich auf dem Know-how von Unternehmen aufbauen und sich durch eine geringere Preissensibilität auf der Seite des Kunden auszeichnen.

Aus diesem Grund erarbeitet die bvse Entsorgergemeinschaft, gemeinsam mit der Unternehmensberatung syneco, ein Branchenkonzept Service-Engineering für die Entsorgungs- und Recyclingunternehmen. Das Branchenkonzept beschäftigt sich mit methodischen Grundlagen für die Entwicklung von Dienstleistungen. Dabei wird der gesamte Prozeß von der Idee bis zur Markteinführung betrachtet, wobei die Schwerpunkte auf dem Engineering und Design von Dienstleistungen liegen. Parallel dazu erfolgt eine Untersuchung geeigneter Strukturen und Managementkonzepte für die Entwicklung von Dienstleistungen.

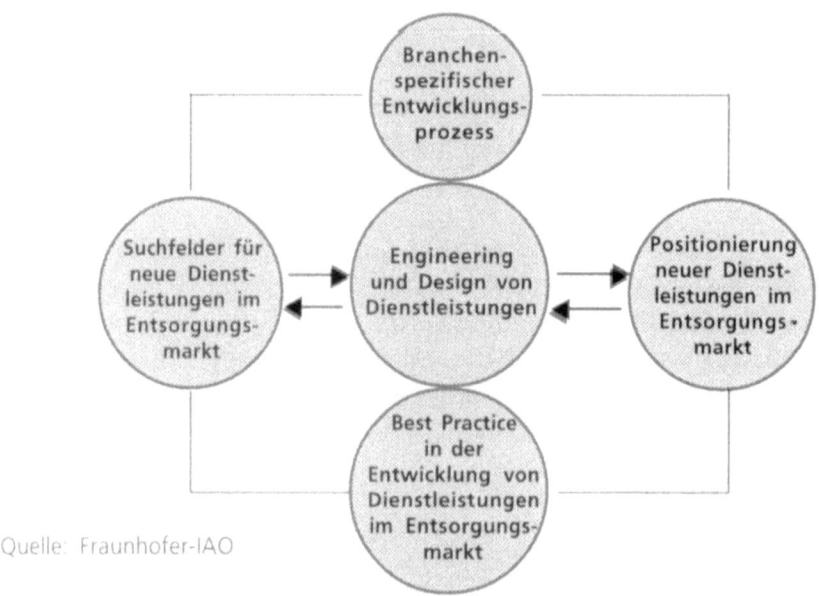

Quelle: Fraunhofer-IAO

7.1 Gestaltung von Entsorgungsprodukten als Leistungsbündel

Entsorgungsprodukte im Entsorgungsmarkt sind Kunststoffbehälter für die Getrenntsammung im Privathaushalt ebenso wie die Abfallberatung für einen chemischen Großbetrieb oder die Bereitstellung von Deponiekapazitäten.

Entsorgungsprodukte werden heute allgemein als Dienstleistungen bezeichnet, dies ungeachtet der beträchtlichen Unterschiede in den Sachleistungsanteilen und Dienstleistungsanteilen.

Das Entsorgungsprodukt kann als Leistungsbündel aus beliebigen Kombinationen von Sachleistungen und Dienstleistungen betrachtet werden.

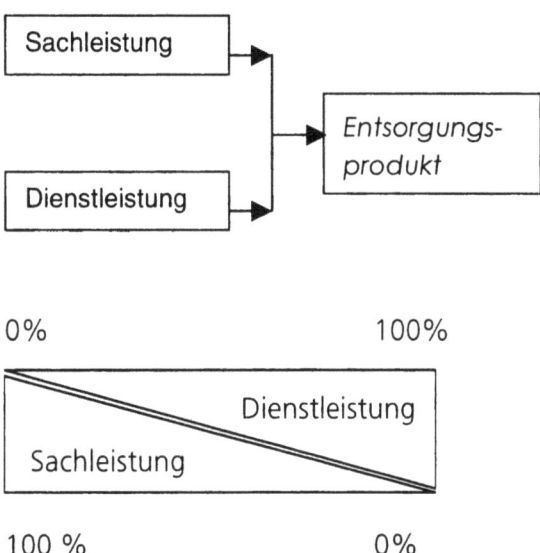

Bei der Mehrzahl der Unternehmen, die sich mit der Gestaltung ihrer Entsorgungsprodukte beschäftigen, steht immer noch die Sachleistung im Vordergrund. Insbesondere Aspekte wie Umweltverträglichkeit und Ökoeffizienz sowie der Einsatz von Engineering-Methoden beziehen sich fast ausschließlich auf die materiellen Anteile, während die Dienstleistungsanteile diesbezüglich weitgehend vernachlässigt werden. Allerdings liegt gerade hier ein entscheidendes Differenzierungsmerkmal gegenüber dem Wettbewerb, das immer wichtiger werden wird. Erfolgreiche Unternehmen gehen deshalb schon jetzt dazu über, Sachleistungen und Dienstleistungen integriert zu betrachten und ihr Produktangebot neu zu definieren.

7.2 Entwicklung eines neuen Leistungsbündels für ein Entsorgungsunternehmen

Ein mittelständischer Anbieter von Entsorgungsleistungen will seine Erfahrung für die Entwicklung eines Leistungsbündels im Bereich der **Rückbau- und Abbruchplanung mit Entsorgungsmanagement**. Das Unternehmen ist in der Region in ein funktionierendes Netzwerk mittelständischer Anbieter mit einer breiten Palette von Entsorgungs- und Umweltdienstleistungen eingebunden. Das Ingenieurteam des Unternehmens verfügt über solide Erfahrungen im Projektmanagement.

7.3 Leistungsbündel Rückbau- und Abbruchplanung mit detailliertem Entsorgungsmanagement

7.3.1 Rechtlicher Rahmen

Durch das seit Oktober 1996 geltende Kreislaufwirtschafts- und Abfallgesetz (KrW-/AbfG) wird der Bauherr bei Baumaßnahmen aller Art zum Abfallerzeuger/-besitzer erklärt. Dadurch wird dem Bauherrn die Verantwortung für die Entsorgung (Verwertung/Beseitigung) der anfallenden Bauabfälle übertragen.

Bei jeglicher Vergabe von Baumaßnahmen, bei der Bauabfälle anfallen (Neubau, Renovierung, Sanierung, Umbau und insbesondere Abbruch), sind dementsprechend eindeutige Vergabevorgaben zur Gewährleistung einer ordnungsgemäßen Entsorgung der Bauabfälle vom Auftraggeber zu seiner eigenen Rechtssicherheit zu treffen. Grundsätzlich ist der Abfallverwertung hierbei Vorrang vor der Beseitigung einzuräumen.

7.3.2 Kontrollierter Rückbau von Industrieanlagen

Auf der Grundlage projektbezogen formulierter Abbruch- und Entsorgungsziele wird ein gestuftes Demontageprogramm zum „Kontrollierten

Rückbau" von Bauwerken und Industrieanlagen erarbeitet. Derzeit unterscheiden wir folgende zwei Verfahren in der Rückbau- und Abbruchplanung:

- kontrollierter Rückbau mit detailliertem Entsorgungsmanagement

- konventioneller Abbruch mit eingeschränktem Entsorgungsmanagement

Je nach objektbezogenen Randbedingungen, stellt eine Zwischenstufe der genannten zwei Verfahren das optimierte Verfahren dar. Die einzelnen Verfahren unterscheiden sich in Anzahl und Selektionstiefe der zur Anwendung gelangenden Demontagestufen und im Umfang des Entsorgungsmanagements.

Das kontrollierte Vorgehen richtet sich insbesondere bei Kontaminationsverdacht nach folgenden Leistungsphasen:

Konzepte und Untersuchungen:

- Erhebung und Grobklassifizierung von Verdachtsflächen

- Erarbeiten eines Untersuchungskonzeptes

- Probenahme und Untersuchung

- Probenahme von Boden, Bodenluft, Deponiegas, Grundwasser

- Chemisch-physikalische Untersuchung

- In geeigneten Fällen: Einsatz Altlastenerkundung und -sanierung

Bewertung

- Nutzungs- und schutzgutbezogene Gefährdungsabschätzung unter Berücksichtigung standortspezifischer Faktoren

- Zuordnung von Gefährdungspotentialen

- Vertretung der Interessen des Auftraggebers in der Diskussion mit den Behörden

Entsorgung oder Sanierung

- Vergleich und Prüfung von Entsorgungs- und Verwertungsmöglichkeiten

- Erstellung eines Entsorgungs- und Verwertungsnachweises

- Ausarbeitung von Sanierungskonzepten

- Vergleich und Optimierung von Sanierungstechniken

- Ausschreibung, Bauoberleitung, Planung und Koordinierung von Sanierungsvorhaben unter Einbeziehung von Arbeits- und Gesundheitsschutzmaßnahmen

- Rekultivierung, Flächenrecycling

- Grundlagenermittlung mit Begutachtung hinsichtlich Asbest und künstlicher Mineralfasern (KMF) sowie eventueller Asbest- und KMF-Sanierung (gemäß TRGS 519 und 521)

- Historisch/technische Erkundung des Bauwerk- oder Anlagenstandortes im Hinblick auf seine Nutzung, seine potentiellen Emissionsquellen sowie die qualitativen und quantitativen Baustoff- und Bauwerkskontaminationen

- Erarbeitung einer Sanierungs- und Rückbauplanung mittels eines gestuften Demontageprogramms

- Stellen des Abbruchantrages unter Beachtung aller o.g. „rechtlichen Rahmenbedingungen"

- Ausschreibung des kontrollierten Rückbaus sowie der Entsorgung der anfallenden Bauabfälle losweise inklusive Vergabeunterstützung

- Übernahme der Bauüberwachung, Bauleitung oder Projektsteuerung im Rahmen des schrittweise selektiven oder teilselektiven Rückbaus

- Erarbeiten und Durchführen eines auf die speziellen Projektgegebenheiten abgestimmten Wiederverwendungs- und Entsorgungsmanagements der anfallenden Bauabfälle im Sinne einer Kreislaufwirtschaft im Bauwesen

- Überwachung und Dokumentation des gesamten Projektablaufes sowie der Abfallentsorgung gemäß durchzuführender Nachweisverfahren

7.3.3 Wirtschaftlichkeitsbetrachtung bei der Rückbau- und Abbruchplanung

Die anzuwendenden Abbruchmethoden sollten aus technischer Sicht umweltfreundlich, materialgefügeschonend und sortentrennungsfreundlich sein, um die Wiederverwendung des Materials zu fördern.

Die heute bestehenden Bauwerke sind ohne Berücksichtigung einer Rückbaufähigkeit erstellt worden. Sortentrennungsfreundlich bedeutet, daß Verfahren es erlauben sollen, die verschiedenen Materialien, die aus Gründen der späteren Wiederverwertung nicht vermischt werden dürfen, beim Abbruch mit geringstmöglichem Aufwand getrennt zu halten.

Die Möglichkeiten der Verwertung/Beseitigung von Bauabfällen werden durch derzeit gültige Regelwerke vorgegeben. Je nach Höhe und Art der Schadstoffverunreinigungen und des Vermischungsgrades unterschiedlicher Abfallarten fallen für die Verwertung/Beseitigung der Bauabfälle geringe bis hohe Mehrkosten an, im Vergleich zu nicht schadstoffverunreinigten und sortierten Bauabfällen.

Das Ziel, der Rückbau und die Abbruchplanung mit Entsorgungsmanagement, ist zum einen die ordnungsgemäße und schadlose Verwertung/Beseitigung der Bauabfälle, zum anderen die aufgrund von schadstoffhaltig verunreinigten Bauabfällen anfallenden Mehrkosten im Rahmen der Verwertung/Beseitigung auf ein Minimum zu beschränken. Um dies zu gewährleisten, wird jedes rückzubauende Objekt im Rahmen einer Erkundung untersucht. Aufgrund der Ergebnisse der Erkundung wird die Sanierungs- bzw. Rückbauplanung individuell erarbeitet, die Trennung der Bauabfälle nach Art des Materials und nach Art und Menge der Schadstoffverunreinigungen ermöglicht. Damit die geplante Trennung der Bauabfälle während der Ausführung umgesetzt wird, ist die Rückbaumaßnahme überwachend zu begleiten und zu dokumentieren. Nur eine auf die Verwertungs-/Beseitigungswege abgestimmte Trennung der Bauabfälle ermöglicht die Verwirklichung der zuvor genannten Ziele.

Die Wahl des geeignetsten Abbruchverfahrens hängt direkt von der Anzahl der Demontagestufen sowie deren Tiefen ab. Vereinfacht läßt sich festhalten: Je weitreichender die Demontagestufen des gewählten Abbruchverfahrens sind, um so wichtiger ist das anschließende Entsorgungsmanagement zur tatsächlichen Kostenreduzierung. Einem kontrollierten Rückbau liegt ein detailliertes Entsorgungsmanagement zugrunde. Dies ist i.d.R. dann der Fall, wenn es sich um Bauwerke und Anlagenstandorte mit weitreichendem Schadstoffpotential in unterschiedlichen Bausubstanzen handelt. Der kontrollierte Rückbau ist, aufgrund des großen Planungsaufwandes, des selektiven Abtrags der Bausubstanz und der detaillierten Trennung der Bauabfälle, das aufwendigste Abbruchverfahren. Es führt aber auch zu den höchsten Wiederverwendungs- und Verwertungsquoten sowie zu qualitativ hochwertigen Verwertungsoptionen.

Bei einem konventionellen Abbruch ist die nachträgliche Trennung der verschiedenen anfallenden Bauabfälle mit hohem Arbeitskrafteinsatz und verfahrenstechnisch aufwendiger Bauabfallsortierung verbunden. Dieses Vorgehen ist derzeit noch bei sehr einfachen und kleineren Bauwerken ohne Vielzahl verschiedener Stoffströme sinnvoll. Von einem Entsorgungsmanagement kann dann nur noch eingeschränkt gesprochen werden.

Jedes Verfahren hat seine Einsatzberechtigung. Die Kosten-Nutzen-Rechnung hängt entscheidend ab: von den Bauabfallmengen, deren Schadstoffverunreinigungen und den regional üblichen Preisgefügen.

Das Unternehmen erarbeitet für jedes Projekt, unter Beachtung der individuellen Randbedingungen, einen Kostenvergleich unterschiedlicher Rückbau- und Abbruchszenarien und bietet dadurch die kostenoptimierte Lösung für jede Baumaßnahme.

7.4 Zielgruppe

Als Zielgruppe für das Entsorgungsprodukt der **Rückbau- und Abbruchplanung mit Entsorgungsmanagement** wurden

- Industrieunternehmen
- Immobilienverwaltungen
- Besitzgesellschaften
- Investorengruppen
- Konkursverwalter und
- öffentliche Institutionen

identifiziert.

In der Umsetzung des neuen Leistungsbündels ist eine direkte Ansprache der Zielgruppe in der Region vorgesehen.

Multiplikatoren für das Leistungsbündel sind

- Aufsichtsbehörden
- Umweltbeauftragte in der Zielgruppe
- Kooperationspartner

7.5 Ressourcen Portfolio

In einem ersten Schritt analysierte das Unternehmen, welche Leistungsanteile des Facility Sanierungs- und Stoffstrommanagements selbst erbracht werden können und welche Leistungsanteile Kooperationen erfordern. Die folgende Tabelle gibt einen Überblick über die Zusammensetzung des Ressourcen-Portfolios.

Produktanteil	Eigenleistung/ Fremdleistung
Sachanteile	
Labor	Fremdleistung
Informations- und Kommunikationstechnik	Eigenleistung
Maschinen	Eigenleistung
Spezialbehälter, Transportmittel	Fremdleistung
Speziallager	Fremdleistung
Verwertungsanlagen	Eigenleistung
Beseitigungseinrichtungen	Fremdleistung
Reinigungsmaschinen	Fremdleistung
Dienstleistungsanteile	
Facility-Management	Eigenleistung
Entsorgungskonzept	Fremdleistung
Projektmanagement	Eigenleistung
Expertensoftware	Fremdleistung
Entsorgungslogistik	Fremdleistung
Finanzierung und Fördermittel	Eigenleistung
Labor-Analyse	Fremdleistung
Know-where	Eigenleistung
Umweltanalytisches Know-how	Fremdleistung
Bautechnisches Know-how	Fremdleistung
Verwertungstechnisches Know-how	Eigenleistung
Beseitigungstechnisches Know-how	Eigenleistung

7.6 Bewertung der Fremdleistungen

Nach der Festlegung, ob einzelne Teilleistungen selbst erbracht oder fremdbezogen werden, erfolgt im nächsten Schritt eine detailliertere Betrachtung der Fremdleistungen. Beispielsweise muß der Bindungsgrad an die Gesamtleistung gestaltet und bewertet werden.

Gestaltung und Bewertung des Bindungsgrades am Beispiel der Fremdleistung Labor-Analyse

	Labor-Analyse
Grad des Leistungsumfanges	Festpreisangebot Meßplan Probenahme Auswertung Bericht
Grad der formalen Beziehung	Erfahrung aus früheren Projekten Teamfähigkeit Persönliche Kontakte
Grad der Partizipation	Informationsaustausch Entwicklungskooperation
Grad der Autonomie	Projektmanagement Projektintegration
Grad der vertraglichen Regelung	Rahmenvertrag Qualitätsmanagement

Als dritter Schritt in der Entwicklung der Dienstleistung wurden Produkt- und Prozeßmodelle (vgl. Teil 2) für die Dienstleistungserbringung bereitgestellt. Solche Modelle sind insbesondere für die Zusammenarbeit in Unternehmensnetzwerken von entscheidender Bedeutung, da hier bereits im Vorfeld Verantwortlichkeiten und Rollen festgelegt und Schnittstellenprobleme geklärt werden können.

7.7 Befragung der Prozeßbeteiligten

Ziel der Befragung der Prozeßbeteiligten und Kunden war es, die wahrgenommenen Kontaktpunkte zu ermitteln.

Befragung der Kunden		
Höherer Preis nur für geldwerten Nutzen	Erwartung	Ergebnis
Ein verantwortlicher Projektpartner	Bedürfnis	Potential
Erfolgreiche und zuverlässige Intressenvertretung gegenüber Behörden	Bedürfnis	Prozeß
Kostenbewußtes Projektmanagement	Bedürfnis	Ergebnis
Einsatz neuer erprobter technischer Verfahren (State of the Art)	Erwartung	Prozeß
Rechtssichere Projektabwicklung	Bedürfnis	Ergebnis

7.8 Produktmodell

7.8.1 Beschreibung der Methode

In diesem Schritt wurden gemeinsam mit den beteiligten Akteuren die wesentlichen Sachanteile und Dienstleistungsanteile des Leistungsbündels ermittelt und in einem Produktmodell dargestellt.

Die folgende Abbildung zeigt einen **Ausschnitt aus dem Produktmodell** des Leistungsbündels Rückbau- und Abbruchplanung mit Entsorgungsmanagement.

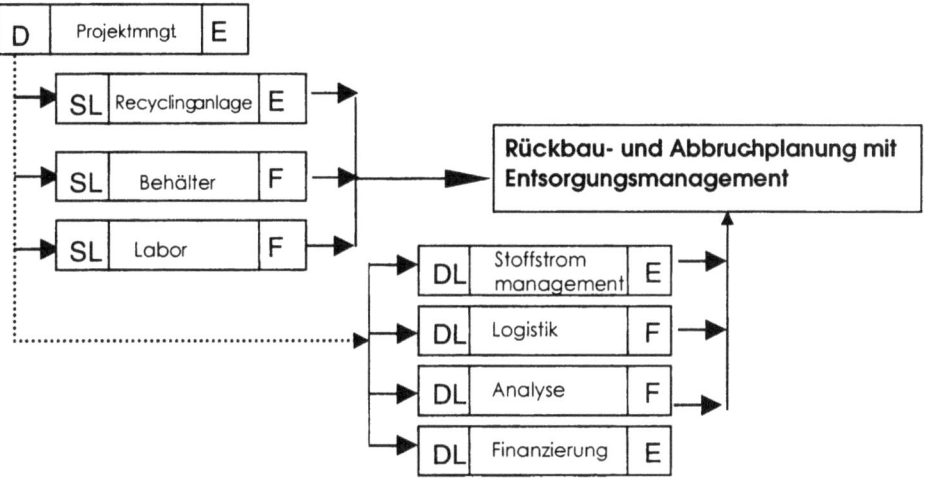

Entscheidend für die komplette Dienstleistung ist die Gestaltung des Projektmanagements als interne und externe Dienstleistung, die die einzelnen Anteile des Leistungsbündels Rückbau- und Abbruchplanung mit Entsorgungsmanagement zusammenführt und das Produkt gegenüber dem Auftraggeber repräsentiert (»one face to the customer«).

7.9 Bewertung der Sach- und Dienstleistungsanteile

Anteil Sachleistung	Bewertung	Anteil Dienstleistung	Bewertung und Einflußfaktoren
Informations- und Kommunikationstechnik	Zur Abwicklung der Netzwerk-Aufgaben sollte ein Extranet aufgebaut werden	Netzwerk- und Projektmanagement	Darstellung des Netzwerkes, (Entsorgungsfachbetriebe) Beispielhafte Projektabwicklung aus Referenzprojekten dem Kunden präsentieren.
Berichte und Dokumente	Durch das Projektmanagement vom Angebot bis Abschlußbericht für den Kunden in Form und Zuordnung zu den Arbeitspaketen gut verständlich.	Vorklärung der Arbeitspakete	Voraussetzung für ein sicheres Angebot, Haftungsrecht durchgängig klären Standard-Verträge für Projektpartner entwickeln.
EDV	Festlegung Hard- und Basissoftware Expertensoftware auf Kombatibilität zur Software der Projektpartner achten	Bestandsaufnahmen beim Kunden	Dokumentation der Bestandsaufnahme und als Grundlage in das Angebot rechtssicher einbinden
		Angebot	Preisbereitschaft des Kunden durch Darstellung des geldwerten Nutzens. z.B Rechtssichere Entsorgung Komplettleistungen
		Vertretung des Kunden bei Behörden	Klare Kommunikationsschnittstellen, nach Möglichkeit nicht wechselndes Personal in Besprechungen

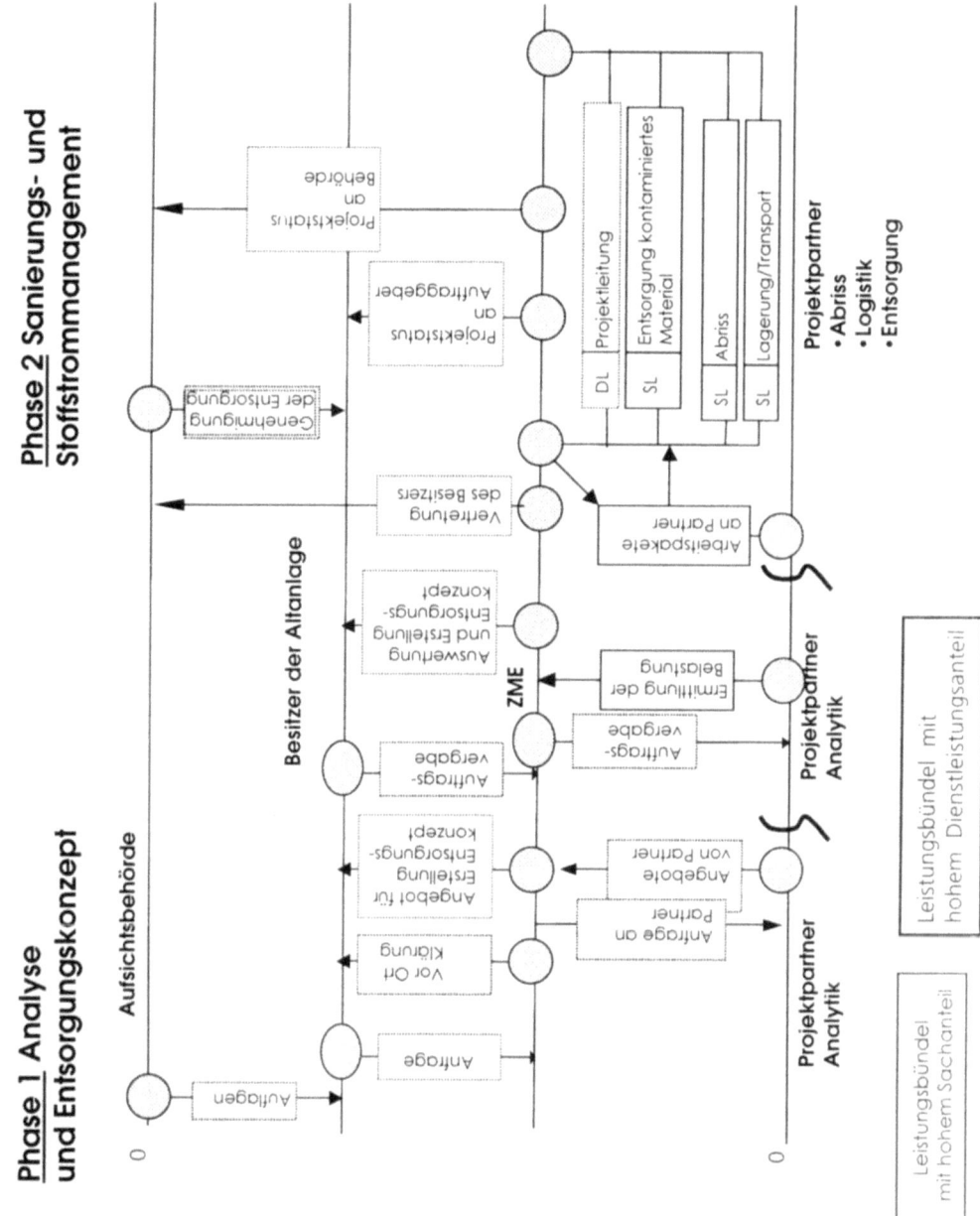

8 Konzept für eine Dienstleistungsoffensive in einem Entsorgungs- und Recyclingunternehmen

Dienstleistungsoffensive *Entsorgungsunternehmen*
Start: Erstellung der Service-Landkarte
Analyse und Bewertung der klassischen Dienstleistung
Analyse und Bewertung der Dienstleistung zur Kundenbindung

Strategiemeeting Führungskreis
Entwicklung des Service-Leitbild
Entwicklung der Zielvorgaben für Dienstleistungsprodukte
Entwicklung der Zielvorgaben für Verkauf Dienstleistungsprodukte

Optimierung der Dienstleistungsprodukte
Beschreibung und Optimierung
Abstimmung mit Testkunden
Visualisierung für den Verkauf

Start Meeting mit dem Verkaufsteam
Vorstellung der Dienstleistungsprodukte
Präsentation der Verkaufshilfen

Präsentation der Dienstleistungsprodukte vor ausgewählten Kunden mit den Außendienstmitarbeitern

8.1 Aktuelle Situation im Vertrieb des Entsorgungsunternehmens

Marktlage

Der Entsorgungsmarkt hat sich vom Verkäufermarkt, in dem die Nachfrage nach Entsorgungsleistungen größer war als das Angebot, zum Käufermarkt gewandelt.
Auslöser für den Wandel und den daraus entstehenden Verdrängungswettbewerb sind Mengenreduktionen bei den Stoffströmen, gleichzeitige Kapazitätserweiterungen in den Entsorgungsunternehmen u.a auch durch die verstärkt im Markt agierenden Tochtergesellschaften der Versorgungsunternehmen und Umdefinition der Stoffströme durch die gesetzlichen Regelungen.

Auswirkungen im Verkaufsbereich

In den „fetten Zeiten" des Verkäufermarktes wurden, sehr vereinfacht ausgedrückt die Aufträge eingesammelt und verwaltet. In der Unternehmenshistorie wird diese Zeit anekdotisch mit der Existenz einer Auftragsabwehrabteilung beschrieben. Verkauf war damit Teil der Auftragsbearbeitung im Innendienst.

Eine Reaktion auf den Auftragsrückgang war die Überlegung Kundenberater einzustellen, die über Beratungsleistungen eine verbesserte Kundenbindung erreichen sollten.
Das Unternehmen hatte zu diesem Zeitpunkt keinen Vertriebsaußendienst. Auf Grund des Auftragsrückganges wurden die eingestellten „Berater" zu Akquisiteuren. Mit Altkundenpflege und Neukundengewinnung durch Kaltakquise wurde der Auftragseingang im Bereich (DM/kg) wieder gesichert.

Der Außendienst ist auf die DM/kg -Akquise und der Akquiseprozeß auf den „Abkauf" eines Sachgutes ausgerichtet. Der Außendienstmitarbeiter sieht in dem Kundenunternehmen die Anfallstelle und sucht den Entscheider.

Für beide, Kunde und Außendienstmitarbeiter steht in der Regel der Preis für das Sachgut (DM/kg) im Mittelpunkt der Vertragsverhandlung. Das hohe Qualitätsniveau der Leistungen wird dabei immer öfter nicht oder zu wenig bewertet.

Zur Zeit wird der Druck auf den Markt für den Außendienst immer stärker bemerkbar. Der Vertriebsalltag ist gekennzeichnet durch „knallharte" Preisverhandlungen von DM/kg für klar beschriebene Sachgüter - Vorrangig führt das zu Akquise über Preisnachlässe.
Oft wird gleichzeitig versucht, mehr Neukunden zu gewinnen, sodaß die Akquisezeit pro Kunde reduziert werden muß - mit möglichen Verlusten in der Beratungsqualität und der Problemanalyse = Bedarfsanalyse des Kunden.

9 Strategisches Konzept zur Kundengewinnung und Kundenbindung

Für mittelständische Unternehmen besteht kaum Möglichkeit solche Marktveränderungen im Vorfeld zu erfassen und in Strategieentscheidungen und Zielplanung aufzufangen. Der Handlungsdruck entsteht erst über die Auswirkungen.

Im Rahmen eines Konzeptes des Führungsteams des Entsorgungsunternehmens werden z.Z Faktoren zur Verbesserung der Kundenbindung und Kundengewinnung bewertet. Als ein möglicher Erfolgsfaktor wird die verstärkte Nutzung von „Dienstleistungen" gesehen.
Strategisches Ziel ist es, die Dienstleistungsorientierung des Verkaufsteams zur Kundenbindung und Kundengewinnung zu verbessern.

9.1 Aktuelle Bedeutung der Dienstleistungen für den Außendienst

Die „klassischen" Dienstleistungen und ihre Optimierung für den Verkauf

Als Dienstleistungen werden im Sprachgebrauch des Unternehmens in erster Linie der Einsatz von technischem Spezialfahrzeugen zur Reinigung und Entsorgung verstanden. Diese Dienstleistungen waren das traditio-

nelle Geschäftsfeld des Unternehmens, bevor es zu einem verfahrenstechnisch hochgerüsteten, modernen Entsorgungsbetrieb wurde.
Diese Dienstleistungen sind soweit produktisiert, daß sie mit DM/Einsatz zuzüglich der Ablagerungsgebühren DM/t angeboten werden können. Damit sind sie für den Außendienst einfach kommunizierbar.

Maßnahmen zur Umsatzsteigerung im Bereich „klassische" Dienstleistungen

- Das „Produktmanagement" muß in der Aussage einfache Verkaufsunterlagen erstellen die Einsatzbeispiele in Kundenprozessen (Fotos) dokumentieren.

- Diese Dienstleistungsprodukte sind Standardprodukte, die dem Kunden als spezielle Kundenlösung verkauft werden können.

- Welche Bedeutung dieser Angebote für die Erhöhung der Kundenbindung haben müßte mit einer Befragung von ausgewählten Kunden geklärt werden.

Die Aktivierung des Verkaufs ist hier ein Strategie- und Kommunikationsproblem.

In der **Strategie** muß festgelegt werden

- wie ausführlich sollen diese Dienstleistungs-Produkte gestaltet werden und

- welcher Umsatzanteil soll zukünftig über diesen Geschäftsbereich erwirtschaftet werden.

In der **Kommunikation** müssen

- die strategischen Ziele dem Außendienst als klare Zielvorgabe vermittelt werden.

- Welcher Umsatz wird über diese Produkte erwartet.

- Wie wird der Akquiseeinsatz für diese Produkte zur Kundenbindung bewertet.

9.2 Dienstleistungen zur Kundenbindung und Preisargumentation für die DM/kg Produkte

Das Produkt wird als Sachgut wahrgenommen, z.B ein Container mit x kg eines Stoffes für den x DM/kg gezahlt werden. **An diesem Produkt „kleben" vom Erstkontakt bis zum Auftragsabschluß verschiedene Dienstleistungen.**

Prozeßbedingte Dienstleistungen zur Auftragsvorbereitung

- Kontaktaufnahme

- Besuche des Außendienstes

- Klärung des Kundenproblems
  (Variationsbreite: nur Frage nach kg bis zur Erfassung des vorgelagerten Kundenprozesses mit Bewertung der möglichen Leistungsangebote)

- Standardangebote oder kundenspezifische Angebote des Innendienstes

- Planung

- Behördenabklärungen

- Angebotsverfolgung

Prozeßbedingte Dienstleistungen zur Durchführung des Auftrages

- Auftragsbearbeitung
- Transport
- Analysen
- Entsorgung
- Nachweise der Erfüllung gesetzlicher Vorschriften

Diese Dienstleistungen können in ihrer Qualität von Anbieter zu Anbieter sehr unterschiedlich sein und bieten deshalb den Ansatz höhere Preislevel zu kommunizieren.

Qualitätsstandard

Beinhaltet das Leitbild des Unternehmens traditionell einen hohen Qualitätsstandard für die Unternehmensprozesse ist davon auszugehen, das die in diesem Qualitätsumfeld ad hoc entstanden Dienstleistungsanteile ebenfalls mit einem hohen Qualitätsstandard entwickelt wurden und auch ausgeführt werden.

In der Regel sind diese prozeßbedingten Dienstleistungsanteile in der Historie des Unternehmens

- mehr oder weniger ad hoc entstanden,
- wenig dokumentiert und
- in ihrer Kosten-Nutzen-Relation kaum systematisch bewertet.

Wenn aufgrund der aktuellen Marktlage für Kunde und Außendienstmitarbeiter der Preis für das Sachgut (DM/kg) im Mittelpunkt der Vertragsverhandlung steht, und das hohe Qualitätsniveau der Leistungen nicht bewertet wird, ist das Qualitätsniveau kein Verkaufsargument, sondern lediglich kostentreibend.

Forderungen an den Außendienst

Wenn wir vor diesem Hintergrund den Außendienst auffordern, die „Dienstleistungen" stärker in den Vordergrund zu stellen, ergeben sich folgende Aufgaben:

- Verständliche Differenzierung der unterschiedlichen Dienstleistungsbegriffe

- die einzelnen Dienstleistungen, die an einer DM/kg Sachleistung kleben, müssen aus der Sicht des **Kunden als Kundennutzen** erfaßt und für den Kunden so verpackt werden, daß dieser den Nutzen bewertbar sieht.

- Das aber setzt voraus, daß das Kundenproblem möglichst weit im Kundenprozeß erfaßt wird.

- Gleichzeitig muß der Gesprächspartner beim Kunden danach bewertet werden, ob dieser in seiner Funktion (z.B Einkäufer) für diese Nutzenargumente überhaupt ansprechbar ist.

- Wenn nicht, muß ein anderer Gesprächspartner im Kundenunternehmen gefunden werden, in dessen Prozeß die Wertschöpfung stattfindet und der für Nutzenargumente ansprechbar ist.

Maßnahmen

- Die prozeßbedingten Dienstleistungsanteile werden erfaßt und unter dem Nutzenaspekt für den Kunden bewertet

- Aus guten Referenzprojekten werden Nutzenvisualisierung erarbeitet

- Grafiken

- Berechnung geldwerter Vorteile durch Beratung

- Geldwerte Risiken durch eine rechtsunsichere Entsorgung müssen verkaufsunterstützend grafisch aufgearbeitet werden und in Präsentationsmappen oder PC dem Verkauf zur Verfügung gestellt werden.

- Erfassung des Kundenproblems möglichst weit im Kundenprozeß: Auch hier wird wieder aus guten Referenzprojekten Nutzenvisualisierung erarbeitet. Z.B. Darstellungen von Kundenprozessen in anschaulichen Zeichnungen mit Darstellung der Leistungen an den entsprechenden Prozeßstellen und dokumentierte Berechnungsbeispiele für die Kosten-Nutzen-Analyse.

Entwicklung von No Frills Produkten

Mit der Analyse und Bewertung der prozeßbedingten Dienstleistungsanteile kann darüber hinaus entschieden werden, ob für den preisdrückenden Kunden dienstleistungsreduzierte Produkte entwickelt werden können.
Das geschieht durch die Konzentration auf Kernqualitäten und die Reduzierung prozeßbegleitender Dienstleistungen. Hier sollte die Zusammenarbeit mit Subunternehmen kritisch überprüft werden.

Start der Dienstleistungsoffensive mit dem Verkaufsteam des Entsorgungsunternehmens

An dieser Stelle ist eine erfolgreiche und motivierende Übertragung der erarbeiteten Dienstleistungsprodukte in das Verkaufsteam möglich denn:

- Es existiert ein verbindliches Dienstleistungs-Leitbild

- Die strategische Bedeutung wird über marktgemäße klare Zielvorgaben vermittelt

- Dienstleistungsprodukte für den Verkauf und Dienstleistungsanteile zur Kundenbindung sind klar abgegrenzt

- Es sind praktische Umsetzungsbeispiele mit Auswertungen dokumentiert.

- Die optimierten Dienstleistungsprodukte können über ausgearbeitete Visualisierungen nutzenorientiert vermittelt werden.

Glossar

Design
bezeichnet traditionell den Entwurf bzw. die Gestaltgebung eines Gebrauchsgegenstandes (einschließlich der Farbgebung); insbesondere die moderne, zweckmäßige, funktionalschöne Formgebung industrieller Produkte (Industriedesign).

Industriedesign
Gestaltung von Industrieerzeugnissen, entspringt der Auffassung, daß die ästhetische Gestalt eines Produkts material- und funktionsgerecht sein soll. Die funktionsgerechte Gestalt wiederum soll auf die Eignung des Erzeugnisses für seine Zwecke zurückwirken.

Service-Engineering
ist die systematische Entwicklung und Gestaltung von Dienstleistungen unter Verwendung geeigneter Methoden und Verfahren und umfaßt die einzelnen Dienstleistungs-Entwicklungsphasen - von der Ideenfindung bis zur Erbringung und Ablösung.

Service-Design
beschäftigt sich unter Zuhilfenahme bestimmter Methoden und Prozesse des traditionellen Designs mit der Entwicklung von Strategien und der Umsetzung der Gestaltung von Dienstleistungen.

Sachleistung
Der materielle Anteil eines Produktes.

Dienstleistung
Der immaterielle Anteil eines Produktes.

Produkt
Jedes Produkt ist ein Leistungsbündel aus Sachleistung und Dienstleistung. Dabei kann der Dienstleistungsanteil oder Sachleistungsanteil stark variieren.

Leistungsbündel
Ein Leistungsbündel vereint die Dienstleistungsanteile und die Sachleistungsanteile eines Produktes.

Broadway-Management
Ausgehend von der Annahme, daß eine gute Dienstleistung ein erfolgreiches Theaterstück ist, wird unter Berücksichtigung von Requisiten, Dekoration, Bühnenbild, Rollen und Dramaturgie das Theaterstück „Dienstleistung" analysiert und gestaltet. Dies ermöglicht, den Prozeß der Dienstleistungserbringung gestaltbar und wiederaufführbar zu machen.

Bühnensymbole
Die Bühnensymbole beschreiben den Raum, dem die zu gestaltende oder bereits stattfindende Dienstleistung zugeordnet ist. Wir unterscheiden öffentliche und private Räume in ihrer unterschiedlichen Ausprägung.

Rollenpiktogramme
Rollenpiktogramme sind auf das Wesentliche reduzierte und inhaltsfreie Momente der Dienstleistungserbringung, die aneinandergereiht den Dienstleistungsprozeß beschreiben.

Produktmodell
Im Produktmodell werden die Sachleistungsanteile und die Dienstleisttungsanteile in einem Leistungsbündel gestaltet.

Service-Prozeß

Der Service-Prozeß ist der Prozeß der Dienstleistungserbringung. Im Falle der personenbezogenen Dienstleistung wird er stark durch die Interaktion Dienstleister - Kunde beeinflußt. Beispiel Zahnarzt: von der Terminvereinbarung über die Behandlung bis hin zur neuen Terminabsprache.

Service-Ergebnis

ist der für den Kunden wahrgenommene und nutzenbringende Zustand nach Beendigung der Dienstleistungserbringung. Beispiel Zahnarzt: eine neue Füllung.

Service-Potential

Service-Potential meint die für die Dienstleistungserbringung notwendige und für den Kunden nutzenstiftende Leistungsfähigkeit des Anbieters. Beispiel Zahnarzt: Praxis, Instrumente, Personal.

Personengebundene Dienstleistungen

sind Dienstleistungen, bei denen die Interaktion zwischen Kunde und Dienstleister im Vordergrund stehen. Beispiel: Zahnarztbesuch.

Sachgebundene Dienstleistungen

sind Dienstleistungen, bei denen die Leistungserbringung objektbezogen und mit meist geringer Interaktion stattfindet. Beispiel: Heizungsreparatur.

Literaturverzeichnis

Bieberstein, I.: Dienstleistungsmarketing. Ludwigshafen: Kiehl 1995 (=Modernes Marketing für Studium und Praxis).

Blümelhuber, Ch.: "No frills" - oder wenn auch für Dienstleister gilt: "Less is more". In: Handbuch Dienstleistungsmarketing. Band 1. Hrsg. v. A. Meyer. Stuttgart: Schaeffer-Poeschel 1998. S. 736-750.

Blümelhuber, Ch.: Dienstleistungs-Design. Zu Fragen des Designs von Leistungen, Leistungserstellungs-Konzepten und Dienstleistungs-Systemen. In: Handbuch Dienstleistungsmarketing, Band 1, Hrsg. v. A. Meyer. Stuttgart: Schaeffer-Poeschel 1998. S. 912-939.

Bruhn, M.: Qualitätsmanagement für Dienstleistungen. Grundlagen, Konzepte, Methoden. (2. A.). Berlin: Springer 1997.
Das erfolgreiche Dienstleistungsunternehmen. Beispiele und Werkzeuge für die betriebliche Praxis. Hrsg. v. W. Risch, G. Schrick, V. Volkholz. Eschborn: RKW 1999. (=Schriftenreihe Dienstleistung. Bd. 1).

Davidow, W. H., Malone, M. S.: Das virtuelle Unternehmen. Der Kunde als Co-Produzent. Frankfurt a.M.: Campus 1993.
Design-Management. Was Produkte wirklich erfolgreich macht. Hrsg. v. A. Buck u. M. Vogt. Frankfurt a.M.: FAZ 1996.
Dienstleistungsoffensive. Wachstumschancen intelligent nutzen. Hrsg. v. H.-J. Bullinger u. E. Zahn. Stuttgart: Schäffer-Poeschel 1998. (=(HAB)-Forschungsberichte 10).

Engelhardt, W., Kleinaltenkamp, M., Reckenfelderbäumer, M.: Leistungsbündel und Absatzobjekte. Ein Ansatz zur Überwindung der Dichotomie von Sach- und Dienstleistungen, in: zfb 45 (5/1993). S. 395-426.

Erlhoff, M., Mager, B., Manzini, E.: Dienstleistung braucht Design. Professioneller Produkt- und Marktauftritt für Serviceanbieter. Neuwied: Luchterhand 1997.

Fischer, P.: Die Selbständigen von morgen. Unternehmer oder Tagelöhner? Frankfurt a.M.: Campus 1995.

Fischer-Lichte, E.: Semiotik des Theaters. Das System der theatralischen Zeichen. (3.A.) Tübingen: Narr 1995 (= Semiotik des Theaters, Bd. 3).
Grundlagen und Technik der Schreibkunst. Hrsg. v. O. Schumann. Wilhelmshaven: Pawlak 1983.

Hanan, M.: Profite ohne Produkte. Gewinnquelle Dienstleistung. Freiburg i. Br.: Haufe 1995.
Handbuch Dienstleistungsmarketing. Band 1. Hrsg. v. A. Meyer. Stuttgart: Schaeffer-Poeschel 1998.
Handbuch Dienstleistungsmarketing. Band 2. Hrsg. v. A. Meyer. Stuttgart: Schaeffer-Poeschel 1998.
Industrielle Dienstleistungen. Chancen und Barrieren im Maschinen- und Anlagenbau. Hrsg. v. Forschungsinstitut für Rationalisierung an der RWTH Aachen. Aachen: FIR + IAW 1998 (=Sonderdruck).

Lehmann, A.: Dienstleistungsmanagement. Strategien und Ansatzpunkte zur Schaffung von Service-Qualität. (2. neubearb. A.) Stuttgart: Schaeffer-Poeschel 1995.

Meyer, A.: Dienstleistungsmarketing. Grundlagen und Gliederung des Handbuches. In: Handbuch Dienstleistungsmarketing. Band 1. Hrsg. v. A. Meyer. Stuttgart: Schaeffer-Poeschel 1998. S. 9 - 11.

Meyer, A.: Kommunikationspolitik von Dienstleistungs-Anbietern: Bedeutung und Gestaltungsbereiche. In: Handbuch Dienstleistungsmarketing. Band 2. Hrsg. v. A. Meyer. Stuttgart: Schaeffer-Poeschel 1998. S. 1069 - 1093.

Nerdinger, F. W.: Zur Psychologie der Dienstleistung. Stuttgart: Schäfer-Poeschel 1994 (= Betriebswirtschaftliche Abhandlungen, Bd. 96).

Peters, T. j.: Der Innovationskreis. Ohne Wandel kein Wachstum - wer abbaut, verliert. Düsseldorf: Econ 1998.

Peters, T. j.: Der Wow!-Effekt. 200 Ideen für herausragende Erfolge. Frankfurt a.M.: Campus 1995.

Pleil, G.: Überlebensfaktor Dienstleistung. Erfolgreiche Vermarktung von Consulting-, Service- und Supportleistungen. München: Computerwoche 1998.

Popeis, W.: Qualitätscontrolling bei Dienstleistungen. München: Vahlen 1996.
Qualitätsmanagement für Dienstleister. Hrsg. v. W. Eversheim. Berlin: Springer 1997.

Ramaswamy, R.: Design and Management of Service process. Keeping Customers for Life. Massachusetts 1996.

Reckenfelderbäumer, M.: Marketing-Accounting im Dienstleistungsbereich. Konzeption eines prozeßkostengestützten Instrumentariums. Wiesbaden: Gabler 1995 (= Bochumer Beiträge zur Unternehmensführung und Unternehmensforschung 46).

Schmitz, Ch. u. Zucker, B.: Wissen gewinnt. Knowledge-Flow-Management. Düsseldorf: Metropolitan 1996.
Service Engineering. Entwicklungsbegleitende Normung (EBN) für Dienstleistungen. Beuth Verlag 1998 (=DIN-Fachbericht 75).

Tominaga, M.: Die kundenfeindliche Gesellschaft. Erfolgsstrategien für Dienstleister. Düsseldorf: Econ 1996.

Wottawa, H:. Wege zur Dienstleistungsmentalität - der Mensch im Change Management. Vortrag. Veranstaltung Wettbewerbsfaktor Dienstleistungmentalität. 4. Februar 1999.

Autorenportrait

Der Autor Klaus Weyh (Dipl.-Ing.) verantwortete als Referent in einem deutschen Unternehmen der Investitionsgüterindustrie Entwicklung und Verkauf von Dienstleistungen und Leistungsbündeln mit hohen Dienstleistungsanteilen. Seit 1998 ist er Partner der syneco Unternehmensberatung und leitet den Geschäftsbereich Service-Design / Service-Engineering.

Syneco ist in der praxisorientierten Forschung zur systematischen Entwicklung von Dienstleistungen Projektpartner des Fraunhofer IAO in Stuttgart, des Deutschen Handwerksinstituts e.V. (ITB Karlsruhe) und des Fachbereichs für Service-Design an der Fachhochschule für Design, Köln.

Gemeinsam mit Prof. Birgit Mager, die seit 1997 den ersten Lehrstuhl für Service-Design in Deutschland innehat, gestaltet der Autor im Forschungsbereich Service-Design das Thema der Entwicklung von Preisbereitschaft und Nutzenvisualisierung.

Wesentliche Aufgabe in diesem Verbund ist die Einführung und Umsetzung der systematischen Dienstleistungen und Leistungsbündel mit hohen Dienstleistungsanteilen in klein- und mittelständischen Unternehmen.

Der Autor berät mit diesem Know-how Unternehmen, die ihre Leistungen und Vertriebsstrukturen auf klein- und mittelständische Unternehmen ausgerichtet haben.

Beratungsprojekte des Geschäftsbereiches Service-Design / Service-Engineering werden als Beispiele in der Best-Practice-Datenbank des Fraunhofer IAO für die Entwicklung von Dienstleistungen geführt.

Der Bundesverband Sekundärrohstoffe und Entsorgung e.V. (bvse) hat den Autor mit der Branchenumsetzung des Service-Designs / Service-Engineering für die mittelständische Entsorgungswirtschaft beauftragt. Das Konzept wurde am 4. Mai auf der Ifat in München dem Fachpublikum vorgestellt.

Der Referent ist Autor zahlreicher Fachartikel zum Thema systematische Dienstleistungsentwicklung.

Printed by Libri Plureos GmbH
in Hamburg, Germany